ਘਰ

地势坤,君子以厚德载物。

超有趣的中国史

2

从唐中宗到夏末帝

历史氪 著

图书在版编目（CIP）数据

超有趣的中国史. 2, 从唐中宗到夏末帝 / 历史氪著. -- 北京：中国友谊出版公司, 2023.5
ISBN 978-7-5057-5565-9

Ⅰ.①超… Ⅱ.①历… Ⅲ.①中国历史—唐宋时期—通俗读物 Ⅳ.①K209

中国版本图书馆CIP数据核字（2022）第161340号

书名	超有趣的中国史.2, 从唐中宗到夏末帝
作者	历史氪
出版	中国友谊出版公司
发行	中国友谊出版公司
经销	新华书店
印刷	三河市嘉科万达彩色印刷有限公司
规格	880×1230毫米　32开 11.375印张　200千字
版次	2023年5月第1版
印次	2023年5月第1次印刷
书号	ISBN 978-7-5057-5565-9
定价	55.00元
地址	北京市朝阳区西坝河南里17号楼
邮编	100028
电话	（010）64678009

如发现图书质量问题，可联系调换。质量投诉电话：010-82069336

目录

第一章
唐朝盛衰大转折　　　　　　　　　　001

第二章
唐朝中兴与灭亡　　　　　　　　　　045

第三章
五代十国之梁晋争霸　　　　　　　　081

第四章
五代十国之契丹崛起　　　　　　　　127

第五章
五代十国之后周霸业　　　　　　　　153

第六章
北宋开国　　　　　　　　　　　167

第七章
北宋、辽与西夏　　　　　　　　191

第八章
两宋之交、辽金之交　　　　　　247

第九章
南宋、金与西夏　　　　　　　　289

华夏皇帝群

群聊机器人

第一章

群聊机器人

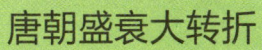

 唐玄宗李隆基

华夏皇帝群（188）

公元710年

系统提示：唐中宗李显进入群聊

群聊机器人

> 李显当了两次皇帝，第一次在位时间是公元683年到684年，第二次是公元705年到710年。现在人们戏称李显是"六位帝皇丸"，但是我个人觉得他是"六位帝皇丸一号"。

【知识点】

 秦始皇嬴政

这是什么意思？还有二号？

群聊机器人

> 后面会给你解释。

 秦始皇嬴政

什么啊，又要等等等。

 则天大圣皇帝武则天

李治，来瞅瞅你儿子，才过五年就进来了。

 唐高宗李治

怪我当初没有把心思放在他身上。

 唐中宗李显

父皇……母后……好久不见！

则天大圣皇帝武则天
说说吧，怎么没的？

 唐中宗李显
突然就驾崩了。

 则天大圣皇帝武则天
跟你哥一个样？

 秦始皇嬴政
群聊机器人呢？快来说说咋回事。

群聊机器人

根据记载，李显是被韦皇后和安乐公主毒害的，因为韦皇后想当皇帝，而安乐公主想当皇太女。

 则天大圣皇帝武则天
就凭她们？不是每一个女人都叫武则天。

 唐太宗李世民
还不是你起的头！

 魏武帝曹操
小姐姐霸气啊……

群聊机器人

我突然想起来，李治执政时不是也有个女性叫陈硕真，此人组织农民起义，还自称"文佳皇帝"，但是没过多久就被消灭了。她可以说是历史上第一个自称皇帝的女性。

003

唐高宗李治
好像有点印象。

 魏武帝曹操
你们大唐的女性都这么猛吗?

群聊机器人
传说武则天跟陈硕真好像还有一段故事。

 则天大圣皇帝武则天
没有,不清楚,不认识,不知道。

 秦始皇嬴政
啧啧啧!

群聊机器人
回到正题,也有人分析李显早逝是因为李唐家族的遗传病,毕竟李家人都不长寿,李显去世的时候只有五十五岁。

群聊机器人
李显,我就想问问,你的韦皇后还有妃子上官婉儿跟武三思私通的事情,你是真不知道,还是无所谓啊?

 则天大圣皇帝武则天
其实婉儿文采很好的,有"巾帼宰相"之名,没想到啊……

唐太宗李世民

我们家好的不遗传，遗传些浪漫事。

唐高宗李治

这可不是我教的，不是我。

唐中宗李显

我失忆了，失忆了。

唐太宗李世民

现在怕不是要出第二个武则天！我大唐，危矣！

则天大圣皇帝武则天

你别慌，那个韦皇后没什么本事，我废了李显是有原因的。

唐中宗李显

其实我执政还可以。我在位期间，恢复唐朝旧制，免除租赋，设十道巡察使，置修文馆学士，击败后突厥，唐朝再次开始长期控制漠南。我还加强与吐蕃的经济、文化交流，把金城公主嫁给吐蕃赞普尺带珠丹。

唐高宗李治

别自夸了，我只想问问你的脑子跑哪里去了。

唐中宗李显

韦皇后曾与我共渡难关，我向她承诺，如果有一朝我能重见天日，绝不会辜负她。

秦始皇嬴政
还是个痴情种啊。

 唐中宗李显
现在看看我的一生，前半生有个这么猛的母亲，后半生自己的皇后跟公主联手……

 唐太宗李世民
怪谁？皇后跟公主都应付不了？

 唐中宗李显

华夏皇帝群（189）

公元 714 年

系统提示：唐殇帝李重茂进入群聊

 唐中宗李显
儿子……韦皇后也把你害了吗？

 唐殇帝李重茂
那倒不是，你驾崩后我就被立为帝，韦皇后临朝称制。后来临淄王李隆基和太平公主联手发动"唐隆政变"，杀了当政的韦皇后、安乐公主以及上官婉儿等，并拥立叔叔李旦为皇帝。

> 知识点

唐太宗李世民
还好还好,老李家稳住了。

 唐殇帝李重茂
但是皇叔就做了两年皇帝,就禅位于太子李隆基,自己称太上皇。

 唐中宗李显
这不是很好吗?但是你怎么这么年轻就进群了?

 唐太宗李世民
该不会这么年轻遗传病就发作了吧?

 唐殇帝李重茂
我也不懂啊,我就离奇地死了。

群聊机器人
直截了当地跟你们说,李隆基,你们唐朝的重要人物!是好是坏,敬请期待!

 汉高祖刘邦
前期很猛,后期很厎的剧本吗?

 秦始皇嬴政
爆米花都拿出来了,吊人胃口?

华夏皇帝群（190）

公元 716 年

系统提示：唐睿宗李旦进入群聊

群聊机器人

李旦前后两次登基，一共在位八年（684—690，710—712），真正掌权两年。他也是我们的"六位帝皇丸二号"。

秦始皇嬴政

所以，你是不是该解释解释了？

群聊机器人

你看李显，他自己是皇帝，他的父亲李治是皇帝，他的儿子李重茂是皇帝，他的弟弟李旦是皇帝，他的侄子李隆基是皇帝。更要命的是，他的母亲武则天也是皇帝，所以被称为"六位帝皇丸一号"。

群聊机器人

再看看李旦，他自己是皇帝，他的父亲李治是皇帝，他的儿子李隆基是皇帝，他的哥哥李显是皇帝，他的侄子李重茂是皇帝，他的母亲武则天也是皇帝，所以被称为"六位帝皇丸二号"。

秦始皇嬴政

听你这么说，好像还真是啊。

群聊机器人

你怎么自己不动动脑子。

秦始皇嬴政

 唐睿宗李旦

为什么我一进群就有这么一个称号,有点受宠若惊。

 唐高宗李治

儿子,还好有你,不然咱们大唐江山危矣。

 唐睿宗李旦

其实没我什么事啊,我什么也没干啊,都是三郎跟太平公主发起的政变,然后我就当上皇帝了。

 唐高宗李治

媚娘快看,不愧是咱们的女儿啊。

 则天大圣皇帝武则天

女儿果然还是像妈妈呀。

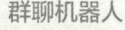

武则天的大部分面首都是太平公主推荐给她的,你确定还要这么夸你的女儿吗?

 唐高宗李治

啊?当我刚才没说。

 唐高宗李治

009

唐睿宗李旦

我搞不懂,我哥哥当皇帝的时候在干吗呢?管都不管的吗?韦后勾结宰相武三思专擅朝政,提拔韦氏家族并逐渐掌握朝廷实权,形成武韦专政集团。还纵容女儿安乐公主卖官鬻爵,大肆修建寺庙道观,奢侈无度。

唐中宗李显

我特意没说韦后做了什么,你倒好,全部都说出来了。

唐太宗李世民

没事,我已经斥责过他一顿了。

唐睿宗李旦

幸好我在即位初期,以姚崇、宋璟为宰相,并在其辅佐下革除弊政,整肃纲纪,拨乱反正,使朝政呈现出一派振兴气象。

知识点

群聊机器人

史称"复有贞观、永徽之风"。

唐太宗李世民

还有,你这孙子居然还想求赐武姓?

唐中宗李显

没错,就是他!

唐睿宗李旦

爷爷,你别骂人啊,我这不是怕被杀吗?

唐太宗李世民
喊你孙子有错?

 唐睿宗李旦
但是读起来就感觉你在骂我。

 唐睿宗李旦

 唐太宗李世民
那你就当我在骂你吧。

 唐中宗李显
骂得好!骂得好!

 唐睿宗李旦

 则天大圣皇帝武则天
快来个人说说,太平公主现在怎么样了?

 唐睿宗李旦
妹妹她被三郎杀了。

 则天大圣皇帝武则天
什么?

唐高宗李治
这个三郎是谁啊?之前就想问。

 唐睿宗李旦
我儿子李隆基啊,是我的第三子,所以叫他三郎。

 唐高宗李治
太平公主是他的姑姑,可是他为何对她动手?

 唐睿宗李旦
她起兵想要废黜三郎,三郎先发制人把姑姑的党羽都除掉了。我出面请求他宽恕一下,留姑姑一条命,可是被拒绝了。

 则天大圣皇帝武则天
为何要废黜李隆基?是他做得不好吗?

 唐睿宗李旦
没有啊,三郎皇帝当得很好啊。

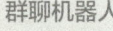
群聊机器人

> 在李隆基当太子的时候,太平公主认为李隆基精明能干,妨碍自己参政,总想另立昏庸懦弱的人当太子,以便她自己能长期保住已有的权势地位。她在李隆基身边安插了很多耳目,派人监视李隆基的所作所为,并屡次散布流言。李旦的让位加剧了李隆基和太平公主的矛盾,双方都在积蓄力量,准备除掉对方。

知识点

唐高宗李治
太平公主怎么会变成这样？她以前不是很乖的吗？

 唐睿宗李旦
这你就要问问母亲了。

 唐中宗李显
母亲把妹妹的夫君薛绍饿死在了狱中。

 唐高宗李治
这是为何？

 唐中宗李显
因为当初母亲称帝，薛绍的哥哥薛顗参与李冲的谋反，牵连到了薛绍，但薛绍本人并没有参与这次谋反。母亲觉得妹妹嫁错人了，就把他……

 唐睿宗李旦
自此后妹妹彻底黑化，投身到政治活动中，可惜她无法达到母亲那样的高度。

 则天大圣皇帝武则天
真就一个个想长江后浪推前浪，把我拍在沙滩上吗？我的高度是她们无法超越的。

 唐高宗李治
那你为什么才当两年皇帝就禅位了？

013

唐睿宗李旦

天上彗星扫过,妹妹的术士说这标志着除旧布新,预示着皇太子将要成为天子,我就禅位了。

群聊机器人

其实太平公主的本意是指太子将会篡位,想借此挑拨李旦与李隆基之间的父子关系。

 唐睿宗李旦

 唐中宗李显

弟弟,你该不会连这都看不出来吧?

群聊机器人

给你们分享一个太平公主挑拨离间的事例。

群聊机器人

 太平公主

最近三郎的势力很大啊,到时候恐怕这个储君的位置也轮不到你了啊。

 李成器

是吗?那为了以防万一,我还是上表父皇让他早点封三郎为太子吧。

 太平公主

……

014

群聊机器人

 太平公主
最近天象有异,东宫有异象,有易主的嫌疑。

 唐睿宗李旦
呃……

 太平公主
太子的势力越来越大了,长此以往确实后患无穷啊!

 唐睿宗李旦
是啊,我也看出来了!为了免除后患,我也只好退位让贤了。

 太平公主
什么?

 唐睿宗李旦
朕即日起称太上皇,让太子即皇帝位,以此顺应天意,就这么愉快地决定了!

 太平公主

 唐睿宗李旦
这个皇位我都已经让过两次了,再多一次也无妨啊。

 秦始皇嬴政
这个李成器是谁啊?

 唐睿宗李旦
我的嫡长子,本来应该他当太子的,但是他让给三郎了。

知识点

群聊机器人
李隆基后面也把李成器追谥为"让皇帝"。

 秦始皇嬴政
那你不把他加入群里?

群聊机器人
没必要,没必要。

 秦始皇嬴政
你明明就是懒。

 唐太宗李世民
这一切的一切,还不都是因为我那个好儿子,非要从感业寺娶个"好媳妇"回来!

 唐高宗李治
又又又怪我?

 则天大圣皇帝武则天
别拐弯抹角了,想批评我就直说。

 唐太宗李世民
如果不是你起了这个头,后面就不会有皇后、公主这些事。

 则天大圣皇帝武则天
那你也有责任!还不是因为你卧病在床,李治来看你,我俩才能相识。

唐太宗李世民

 秦始皇嬴政

哇哦,这剧情!那么问题来了,李治是来看望李世民,还是来看望武则天的?

 唐中宗李显

没想到父皇跟母后还有皇爷爷的故事还挺多。

 唐睿宗李旦

不得了,不得了。

华夏皇帝群(191)

公元 762 年

 秦始皇嬴政

@群聊机器人 你之前说什么李隆基是他们唐朝的重要人物,所以等了这么久,他怎么还不来啊?

 唐睿宗李旦

别咒我儿子行不行!

群聊机器人
来了来了。

系统提示：唐玄宗李隆基进入群聊

 唐玄宗李隆基

玉环啊……玉环啊……

 则天大圣皇帝武则天

一进群就在鬼叫什么啊？

群聊机器人

李隆基对付女性可是有一手的，你注意点儿。你看看韦皇后、安乐公主、上官婉儿、太平公主和杨贵妃都死在了他手上，这几位都是唐朝除了武则天之外非常厉害的女性了。

 则天大圣皇帝武则天

我会怕他？

 汉惠帝刘盈

怎么处理好的，我也想学一学。

 汉高祖刘邦

儿啊，算了吧，来不及了。

 秦始皇嬴政

杨贵妃？不认识。

群聊机器人

杨贵妃就是李隆基口中的杨玉环，本来是他儿子李瑁的王妃。当时武惠妃去世，李隆基郁郁寡欢，后宫没有看得上的人……

秦始皇嬴政
所以他就抢了他儿子的王妃！啧啧啧，你们唐朝先是儿子娶父亲的才人，现在父亲又娶儿子的王妃。

汉高祖刘邦
精彩！

汉惠帝刘盈
我接受不了，娶自己的外甥女我都痛苦万分了。

秦始皇嬴政
既然他那么喜欢杨贵妃，为什么杨贵妃还会死在李隆基手上？

唐玄宗李隆基
别说了，别说了，都怪我啊！

唐睿宗李旦
我儿子怎么了？

群聊机器人
你儿子猛啊，大唐猛男就是他。

唐太宗李世民
嗯？我不要面子的？

唐高宗李治
不把我当人？

019

唐太宗李世民

儿子，你就在位期间版图大点而已，别插话，排后面去。

 唐高宗李治

群聊机器人

唐玄宗在位前期，拨乱反正，任用姚崇、宋璟为贤相，励精图治，开创了唐朝的极盛之世——开元盛世。他很重视对边疆地区的管辖，在东北设置了室韦都督府、黑水都督府、渤海都督府等，历史上首次将东北三省全境纳入中国版图，巩固了多民族国家的统一。

知识点

 唐太宗李世民

极盛？

群聊机器人

是的，唐朝国力达到鼎盛，形成了"三年一上计，万国趋河洛"的盛世局面。杜甫的诗句写道"忆昔开元全盛日，小邑犹藏万家室"。

 秦始皇嬴政

杜甫这名字好眼熟好眼熟啊。

群聊机器人

别逗了，你怎么会认识杜甫？说实话，如果在这个时候李隆基突然驾崩的话，那就完美了。

020

唐太宗李世民
啊？你这是什么理论？

 唐睿宗李旦
你这么想让我儿子死？

群聊机器人
听我说完嘛！他如果跟李世民一样，五十几岁就死了，这样他就能永垂青史，堪称一代明主了。

 唐玄宗李隆基
难道我现在就不配吗？唉，确实，如果我早点去世，后面的一切就很难说了，也就不会让安禄山与史思明发起叛乱了。

 唐太宗李世民
又内乱了？

群聊机器人
李隆基活到了七十八岁，但是开元盛世只持续了近三十年。后期他宠爱杨玉环，重用奸佞，造成了安史之乱，致使国都沦陷，他本人也离京西逃了。

> 知识点

 唐太宗李世民
让我活到这个岁数，大唐岂不是要起飞？

 秦始皇嬴政
你可别搞笑了，群里前期很猛后期很差劲的大有人在。

汉武帝刘彻
你好像在暗示我。

秦始皇嬴政
没有啊，没有啊。

群聊机器人
所以说，唐玄宗李隆基是个好皇帝，就是死得太晚了。

秦始皇嬴政
但凡能早点进群，也不至于会有是好是坏这个疑问。

汉武帝刘彻
好家伙！总结得真好。

唐玄宗李隆基
好家伙！我竟无言以对。

华夏皇帝群（192）

系统提示：唐肃宗李亨进入群聊

唐玄宗李隆基
儿子？

群聊机器人
李亨因病去世，跟李隆基去世的时间只隔了十几天。

秦始皇嬴政
就做了十几天的皇帝吗?

 唐肃宗李亨
那没有,我爹前几年就退位当太上皇了。

群聊机器人

公元756年,李亨在灵武继位,尊唐玄宗为太上皇。李亨也是唐朝第一个在京师以外登基再进入长安的皇帝。 ◀ 知识点

 唐玄宗李隆基
而且,他还是自行宣布即帝位的。

 唐睿宗李旦
当太上皇好啊,开心啊,舒服啊。

 唐高祖李渊
我不开心。

 唐玄宗李隆基
我也不开心。

 唐太宗李世民
你们说的那个安史之乱,能不能详细点啊?

 唐肃宗李亨
怪我爹!开创了盛世之后,他逐渐开始满足了,沉溺于享乐之中,还听了武惠妃的谗言,将太子李瑛、鄂王李

瑶、光王李琚废为庶人，并最终杀死。最重要的就是宠幸杨贵妃……

群聊机器人

知识点 "一骑红尘妃子笑，无人知是荔枝来。"

 秦始皇嬴政

啥意思？

 唐肃宗李亨

杨贵妃喜欢吃荔枝，我爹特意开辟了从四川到京城长安的几千里贡道，以便荔枝能及时地用快马速运到长安。

 魏武帝曹操

看来，这个杨贵妃是个美人儿啊！

 秦始皇嬴政

怎么？老曹又有兴趣了吗？

 魏武帝曹操

我是这种人吗？我只是来看看热闹的。

 唐太宗李世民

你爹可真是体贴啊，如果他是我儿子，看我揍不揍他。

 秦始皇嬴政

说些知识点行不行？

群聊机器人

知识点 统治阶级内部矛盾的激化，导致安史之乱爆发。李隆基

宠信"口有蜜、腹有剑"的李林甫、"不顾天下成败，只顾徇私误国"的杨国忠等人。

 唐肃宗李亨

从丞相到节度使的设置很混乱，还重用安禄山等塞外民族将领来试图稳定唐王朝的边疆。

群聊机器人

尤其是杨国忠与安禄山之间争权夺利，成了安史之乱的导火索。公元755年，安禄山以"忧国之危"、奉密诏讨伐杨国忠为借口在范阳起兵。

 唐玄宗李隆基

安禄山这个三百多斤的胖子，纯粹马屁精！我还以为他是忠臣。

 唐肃宗李亨

别忘了，四十五岁的安禄山，还认二十九岁的杨贵妃当干妈呢。

 秦始皇嬴政

哇哦！

群聊机器人

安禄山攻打荥阳时，守军由于没怎么打过仗，战斗力低下，听到叛军的鼓角之声，一个个吓得从城墙上坠落，跟下雨一样。

 唐太宗李世民

我大唐士兵什么时候变成这样子了？这么没出息！

025

知识点

群聊机器人

洛阳和长安相继沦陷后,唐玄宗逃至马嵬驿。随行的将士发生哗变,杀死了杨国忠,又逼迫李隆基赐死杨贵妃,史称"马嵬驿兵变"。

 唐玄宗李隆基

玉环啊……玉环啊……

 唐肃宗李亨

我后面命郭子仪与李光弼等将领讨伐安史叛军,先后收复了长安跟洛阳。

群聊机器人

但是你与回纥约定攻克长安时"克城之日,土地、士庶归唐,金帛、子女皆归回纥"。

 唐太宗李世民

败家啊!

群聊机器人

放心放心,长安没有被抢。

 唐太宗李世民

那就好。

群聊机器人

就洛阳收复后,被肆无忌惮地抢夺了而已。

唐太宗李世民

 秦始皇嬴政

洛阳也太惨了吧。

 唐高祖李渊

现在看看，我儿子打仗还是很猛的呀。

 唐太宗李世民

那不然呢？是不是很后悔当初没有第一时间把太子之位给我？

 唐高祖李渊

 群聊机器人

李亨后来为了防范武将而不设元帅，只派宦官鱼朝恩监军，致使唐军大败。鱼朝恩将相州失利的责任推到郭子仪身上，肃宗李亨不明是非，罢免了郭子仪的兵权。

知识点

 唐太宗李世民

一个宦官懂什么？

 唐肃宗李亨

我这不是后来又把兵权还回去了嘛，可惜我最后壮志难酬，还没有平定叛乱就病逝了。

027

则天大圣皇帝武则天
我想起来了！当初我称帝那天的宴会上，李隆基你男扮女装来跳舞，是不是啊？

 唐玄宗李隆基
嘘！

群聊机器人

李隆基富有音乐才华，对唐朝音乐的发展有一定影响。

 秦始皇嬴政
隆基隆基，先龙后鸡，你爹取名字真有一手，预知未来。

 唐太宗李世民
很符合他先后的反差。

 则天大圣皇帝武则天
当初是谁说他做皇帝很好来着？

 唐睿宗李旦
谁啊？是谁啊？不懂就乱说！真是的。

 则天大圣皇帝武则天

 唐玄宗李隆基

秦始皇嬴政

有一说一,你们老李家咋回事?国都都丢了,居然没有人破口大骂?

唐太宗李世民

骂了有什么用?能改变局势吗?

秦始皇嬴政

你倒是很看得开嘛。

则天大圣皇帝武则天

事实证明我当皇帝做得还可以,至少国都还在。

唐高宗李治

但是我辛辛苦苦打下的疆域领土,却少了那么多。

则天大圣皇帝武则天

换你接着当皇帝,也一样要丢掉国土。

汉武帝刘彻

你这个李隆基就不太行,我这么好的榜样不学一学?我能审时度势,颁布《轮台诏》,托孤霍光,立小儿子为皇帝,挽回大汉,还迎来了"昭宣中兴"。

唐玄宗李隆基

我……这也是被盛世冲昏了头。

群聊机器人

你们两个确实挺像的:在位时间都很长,一个开创了唐朝的最鼎盛时期，一个奠定了汉王朝强盛的局面；都有喜欢的女人，但最后不得不杀了；都是前期英明神武后期糊涂；都活得很长；都杀过儿子；也都活在祖母的阴影下。

 汉武帝刘彻

就是就是。

群聊机器人

你好歹还有霍光，李隆基把正直的宰相张九龄等人先后罢官了。要不是他让杨国忠当丞相，安史之乱会不会发生还不一定呢。

 唐玄宗李隆基

都怪我那儿子！要不是他娶了这么漂亮的杨玉环，我也不会知道有这么一个人！也就不会不顾礼节就召她进宫了。

 秦始皇嬴政

李玙表示这个锅来得挺突然的。

群聊机器人

说到死得太晚的君王，其实苻坚也算一个。

 前秦宣昭帝苻坚

啊？什么意思，突然提到我。

群聊机器人

如果你在淝水之战之前就去世了，那你的影响力比现在高多了。

前秦宣昭帝苻坚
你这是什么意思？

群聊机器人
淝水之战的失败，导致前秦统一中国的梦想成空，东晋偏安一隅的时间又延长了。如果淝水之战赢了，那你就结束乱世了，就没后面这几个小老弟什么事了。

前秦宣昭帝苻坚
秦始皇嬴政还笑我没完成大一统呢。我这没完成大一统的疆域面积，都比他之前的大了呢。

秦始皇嬴政
那这能一样吗？没的比，没的比。

前秦宣昭帝苻坚
可惜王猛死得早啊！就像刘备还没驾崩，诸葛亮就先走了一样。

< **华夏皇帝群（193）** ···

公元 779 年
系统提示：唐代宗李豫进入群聊

群聊机器人
唐代宗被宦官李辅国等拥立为皇帝，也是唐朝历史上第一位被宦官拥立的皇帝。 ◀ 知识点

汉高祖刘邦
抓重点，兄弟们，第一位啊！

秦始皇嬴政
宦官又来咯，兄弟们！

唐太宗李世民
当初看到李亨让宦官当监军，我就有预感了。

唐肃宗李亨
祖宗别这样……我也是为了防范武将专权嘛。

唐代宗李豫
我父亲走的那一晚，张皇后发动政变，想废了我，改立越王李系为帝。宦官李辅国、程元振出兵平息了这场政变。

秦始皇嬴政
这权力这么大了啊，皇后都搞得定。

唐肃宗李亨
这……儿子，大唐怎么样了？

唐代宗李豫
现在比较稳定了，你驾崩后没多久我就平定了安史之乱。但是后来吐蕃攻占了长安，我逃到陕州，随后起用名将郭子仪击破吐蕃，收复京师，又平定仆固怀恩之乱。爹，郭子仪真的好用啊！

知识点

唐太宗李世民

守个长安这么难吗?宦官呢?宦官呢?

秦始皇嬴政

你不是看得很开吗?怎么现在这么急啊?

唐太宗李世民

问问不行吗?

唐代宗李豫

我用计除掉权宦李辅国、鱼朝恩及宰相元载,流放宦官程元振!改革税收,实行养民为先的财政方针。然后就病逝了。

汉高祖刘邦

快快快!感觉精彩的又要来了。

秦始皇嬴政

你这个大预言家别说话了,读者都有意见了!

< **华夏皇帝群(194)** •••

公元 805 年
系统提示:唐德宗李适进入群聊

秦始皇嬴政

这小伙子皇帝当得还挺久的嘛。

唐代宗李豫

算了算,我儿子当了二十六年的皇帝,在我们大唐算是名列前茅了。

唐太宗李世民

当得久有什么用?你忘记你爷爷李隆基的下场了?

唐代宗李豫

我爷爷还在那里想着杨贵妃呢!

魏武帝曹操

要不你偷偷发张照片给我看看样貌。

唐代宗李豫

我哪敢保存照片哦!

秦始皇嬴政

我听说唐朝以胖为美啊,你自己看着办。

魏武帝曹操

突然有点不想看了。

唐玄宗李隆基

我有我有!私聊发你。

魏武帝曹操

哇哦!虽然小脸有点圆润,但是长得还可以啊。

> 群聊机器人
>
> 怎么叫还可以？好歹她也是古代四大美女之一啊！

魏武帝曹操
> 哪四大美女？

> 群聊机器人
>
> 古代四大美女，即西施、王昭君、貂蝉、杨玉环。

知识点

> 群聊机器人
>
> 其中，貂蝉是后人虚构的人物。民间传说中她原名任红昌，也有人认为她是吕布部将秦宜禄前妻杜夫人。

魏武帝曹操
> 秦宜禄前妻杜夫人，后面被我纳为小妾了呀。

秦始皇嬴政
> 不愧是你啊。

汉昭烈帝刘备
> 不愧是孟德兄啊！我记得当初我们围吕布的时候，云长请求以秦宜禄的妻子为妻，是不是这个杜夫人？

魏武帝曹操
> 对对对！他求了我好多次。

汉昭烈帝刘备
> 我记得你同意了啊，怎么最后跑你那边去了？

魏武帝曹操

关羽这么反常,这个杜夫人肯定好看啊!所以我先派人去看了看,就自己留下做妾了。

魏文帝曹丕

还好当初打袁绍攻下邺城的时候,我冲得快啊!

魏武帝曹操

（??猫表情）

魏文帝曹丕

爹,看破不说破。

唐德宗李适

你们说的都是些啥啊,刚进群的表示看不懂。

唐代宗李豫

儿子,大唐怎么样了?

秦始皇嬴政

看了一千年了,只要有皇帝进群,就会有人问一句"×××怎么样了"。

唐代宗李豫

不得先关心关心吗?

唐德宗李适

一开始干得还行……就是到了后面……

唐代宗李豫

唐德宗李适
我刚开始坚持信任文武百官,严禁宦官干政,任用杨炎为相,废租庸调制,改行"两税法"。

知识点

群聊机器人
李适在位前期颇有一番中兴气象。

唐太宗李世民
完了,这么夸,后面肯定垮了。

群聊机器人
公元781年,李适发动削藩战争,后面就爆发了"奉天之难",又名"二帝四王之乱",包括四镇之乱和泾原兵变,是唐德宗时期一场由于中央政府削藩而引发的叛乱。

秦始皇嬴政
"二帝四王之乱"?

群聊机器人
因在这次战争中,有四人称王,两人称帝,但是也很快就歇菜了。

唐太宗李世民
这小伙子很勇敢,但是也要看看自己有没有能力削藩啊。

> 群聊机器人
> 确实！再过个五六百年，有个皇帝也是因为削藩，然后就失踪了。

秦始皇嬴政
好家伙，日常剧透啊。

> 群聊机器人
> 李世民，跟你说哦！泾原兵变导致长安又丢了。

唐太宗李世民
啊？我无话可说了。

唐德宗李适
过了一年，我又打回来了！

唐太宗李世民
所以这个削藩的结局呢？

唐德宗李适
我颁布了个《罪己大赦诏》，不少叛乱军队归顺了朝廷，内乱局面得以控制。果然，文字的力量还是很强大的啊！

> 群聊机器人
> 在"奉天之难"后，李适委任宦官为禁军统帅，在全国范围内增收间架（房产）、茶叶等杂税，导致民怨日深。对藩镇多事姑息，使其势力日渐增强。

知识点

唐德宗李适
我最信赖的禁军将领在叛军进城时竟然召集不到一兵一卒来保卫宫室，还不如我身边的宦官呢！

群聊机器人
但是在对外关系上，他联合回纥、南诏打击吐蕃，成功扭转了对吐蕃的战略劣势。

秦始皇嬴政
不关心这个，我还是想看看后面宦官的操作。梦回汉朝——

唐太宗李世民
你可别忘了，你的大秦是因何人所失。

秦始皇嬴政
[图片]

华夏皇帝群（195）

公元 806 年

系统提示：唐顺宗李诵进入群聊

唐德宗李适
儿啊！我去世前咱俩都没能见上最后一面。

039

唐顺宗李诵

语音转文字 阿巴阿巴阿巴……

秦始皇嬴政

又来一个?

汉高祖刘邦

绝了!

唐太宗李世民

[猫猫疑惑表情]

唐德宗李适

我儿子前年不知为何突然中风,失去了语言功能。

秦始皇嬴政

我们这是群聊,虽然你说不了话,但是你可以打字啊!

唐顺宗李诵

对哦!看着语音输入比较神奇,就用了一下。

唐高宗李治

他都中风了,为何不重新立个太子?

唐德宗李适

我儿子都当了二十几年太子了,突然换太子不好吧?

唐顺宗李诵

爹,当初你不是想立养子舒王李谊为太子吗?幸亏宰相李泌出面，不然怕不是真换了。

唐德宗李适
要不是谞儿去世得早……我有可能会让他来当太子……

秦始皇嬴政
又是为了太子之位……还好，你的儿子们没打起来。

唐太宗李世民
你在暗示什么？

秦始皇嬴政
没有没有。

唐顺宗李诵
谞儿其实是我的儿子，但是我父亲很喜欢他，就让我把谞儿过继给他当儿子了。

秦始皇嬴政
自己儿子变成了自己的兄弟，还成了太子之位的竞争者？

群聊机器人
电视剧都不敢这么演，没想到居然还是真的。

秦始皇嬴政
[图片]

041

知识点 ▶

> 群聊机器人
>
> 其实唐顺宗李诵挺惨的。他即位后，立即任用王叔文、王伾、刘禹锡、柳宗元等人进行改革，形成了以"二王刘柳"为核心的革新派势力集团。他们采取了一系列改革措施：维护统一，主张加强中央集权，反对藩镇割据，反对宦官专权，并积极推行革新，史称"永贞革新"。

唐顺宗李诵
> 但是改革触动了宦官集团的利益。你们信吗？我居然被宦官控制住了。

汉高祖刘邦
> 很正常。

秦始皇嬴政
> 信！我们真信！

唐顺宗李诵
> (猫图)

> 群聊机器人
>
> 宦官俱文珍等人一手操办将唐顺宗长子广陵王李淳立为太子，更名为李纯。此后宦官们就拥立李纯即位，顺宗退位称太上皇，史称"永贞内禅"。

知识点 ▶

秦始皇嬴政
> 你儿子难道就没看出来什么事吗？

汉高祖刘邦
看你中风,觉得你好欺负。

唐太宗李世民
难以置信,我大唐皇帝居然被宦官玩弄于股掌之上。

唐顺宗李诵
也怪我准备不足且急功近利,导致宦官俱文珍等联合部分藩镇一起向我施压,我只能眼睁睁地看着自己的重臣王叔文、王伾等被贬。

群聊机器人
一百四十六天内发生的"永贞革新"被全盘推翻,"二王刘柳"集团被迫解散,史称"二王八司马事件"。唐顺宗只做了一百八十六天皇帝,都没有以皇帝的身份度过新年,就直接做太上皇了。

> 知识点

唐顺宗李诵
我不是历代帝王里由皇帝变成太上皇速度最快的吧?

群聊机器人
自信点,把"不"字去掉。

唐太宗李世民
李适出来挨打,看到没有?你对宦官态度的改变,影响多大!

唐德宗李适
我……没想到会这样啊。儿子,你是被宦官害了吗?

唐顺宗李诵
这我也不知道啊……

群聊机器人
唐顺宗去世前一天,李纯对外宣布顺宗病重,一天后顺宗就驾崩了。这使人觉得顺宗的驾崩就像演戏一样,觉得他是被李纯和宦官们暗算了。也有人认为顺宗是正常病逝的,因为顺宗和李纯关系融洽,李纯不可能害他爹啊。

秦始皇嬴政
啧啧啧!又是谜团。

汉高祖刘邦
宦官的瓜越吃越大了,都是秦始皇嬴政带的头!

唐太宗李世民
白给,真就白给!

华夏皇帝群

群聊机器人
第二章

群聊机器人
唐朝中兴与灭亡

唐宪宗李纯

华夏皇帝群（196）

公元 820 年

系统提示：唐宪宗李纯进入群聊

群聊机器人

> **知识点** 李纯在位期间，励精图治，重用贤良，改革弊政，勤勉政事，力图中兴。为了纠正朝廷权力日益削弱、藩镇势力膨胀的局面，他树立宰相的权威，平定藩镇的叛乱，使"中外咸理，纪律再张"，出现了"唐室中兴"的盛况，史称"元和中兴"。

唐太宗李世民

这才是我大唐的皇帝嘛！既然是这样的一个皇帝，那之前说他联合宦官害他父亲的说法，肯定是不切实际的。

群聊机器人

说法有两种，就看大家自己怎么觉得啦。

唐玄宗李隆基

中兴了吗？那就好，那就好。

唐顺宗李诵

好啊，好啊，好啊！做得好啊，儿子。虽然我的改革失败了，但是还好有你完成了我抑制藩镇割据的心愿。

唐宪宗李纯

父皇，你那改革不太行。

> 群聊机器人
>
> 也因为这次改革,柳宗元、刘禹锡被贬官后开始一心钻研文学,大唐文坛上冉冉升起了两颗光耀千年的巨星。感谢你们,让以后的学子们多了那么多诗文要背。

知识点

> 秦始皇嬴政
>
> 哈哈哈!

> 唐顺宗李诵
>
> 没想到啊,这两位居然能流传千年?

> 群聊机器人
>
> 比你还出名呢!走在大街上问一句"你知道柳宗元、刘禹锡吗",几乎每个人的回答都是"知道啊"。如果是问"你知道李诵跟李纯两父子吗",那回答"不知道"的应该是大多数了,哈哈哈!

> 唐顺宗李诵
>
> 自闭了。

> 唐宪宗李纯
>
> 这样都能牵扯到我?好歹我也是让"唐室中兴"的皇帝,知名度怎么也得比我的父皇高吧?

> 群聊机器人
>
> 那可不一定哦,有可能很多人都不知道。

> 秦始皇嬴政
>
> 那我呢?

047

> 群聊机器人
>
> 你别凑热闹了好不好？这世上还有多少人不知道你的？

秦始皇嬴政
这句话看着就舒服。

唐太宗李世民
我不用问也知道自己很出名。

> 群聊机器人
>
> 知道就好，其他皇帝别私聊我了啊！英明神武的皇帝肯定都是被大家熟知的，但是有些差劲的也挺让人熟知的，哈哈哈！

秦始皇嬴政
你这个又在影射谁？

唐宪宗李纯
停停停！这段不应该我才是主角吗？

> 群聊机器人
>
> 啊！不好意思，忘记了。

唐宪宗李纯
始皇帝，我也没有立皇后哦——

秦始皇嬴政
呀，同道中人啊。

群聊机器人

史书上说他只是觉得有皇后之后,会阻碍他宠幸别的妃子。李纯在取得了一些成就以后,就自以为立下了不朽之功,渐渐开始骄奢淫逸。

唐宪宗李纯

停停停——

群聊机器人

怎么了主角?

唐宪宗李纯

这后面没必要说了,没必要。

群聊机器人

那可不行,我要一视同仁。李纯后期任用奸臣皇甫镈而罢免贤相裴度,政治日见衰败,信仙好佛,想求长生不老之药。

秦始皇嬴政

又来一个求长生药的。

群聊机器人

李纯服用长生药后,性情变得暴躁易怒,经常斥责或处死身边的宦官,他于公元820年突然暴崩。按照史料的记载,社会舆论都认为宦官陈弘志是凶手,他加害了唐宪宗。

唐太宗李世民

被宦官害了?刚才白夸了,白夸了。

华夏皇帝群(197)

公元 824 年

系统提示:唐穆宗李恒进入群聊

唐宪宗李纯

这才过了四年而已啊!

唐穆宗李恒

……

唐宪宗李纯

你的母亲郭妃是郭子仪的孙女,不论后宫还是朝堂,都有强大的势力,不然我也不会让你当太子!

唐穆宗李恒

谁让你自己不立皇后呢?虽然我也没立皇后。

秦始皇嬴政

好家伙,一个个都在学我。

群聊机器人

> **知识点**
> 唐穆宗继位后,把犯有自己名讳的地名等通通改掉。例如,将恒岳(恒山)改为镇岳,恒州改为镇州,定州的恒阳县改为曲阳县。

汉光武帝刘秀
这让我想起了那个乱改地名的男人。

新朝开国皇帝王莽
地名我明明改得那么精准，是你不懂！

汉光武帝刘秀
我怎么会懂一个"穿越者"的思想呢？

新朝开国皇帝王莽
[懒得理你]

群聊机器人
穆宗没有效仿太宗、玄宗的励精图治，而是纵情享乐，毫无节制。

唐太宗李世民
还真享受啊。

群聊机器人
穆宗任用的宰相萧俛、段文昌缺乏远见，认为藩镇已平，应当裁军。被取消兵籍的军士无处可去，又无法从事他业，只好藏于山林，使得河朔三镇再度叛乱。

唐宪宗李纯
这干的都是什么事啊！

唐穆宗李恒
这样能省钱啊!

唐太宗李世民
哇哦,你可真是个"小天才"呢!

唐穆宗李恒
祖宗,我错了,我错了!

华夏皇帝群(198)

公元 826 年

系统提示:唐敬宗李湛进入群聊

秦始皇嬴政
哇哦,熟悉的节奏又又又回来了。

汉高祖刘邦
这就是宦官的魅力吗?

群聊机器人
唐敬宗李湛登基后,根本不把国家大政放在心上,他的游乐无度较之其父穆宗是有过之而无不及。

秦始皇嬴政
世民啊世民,没事的,都会好起来的。

唐太宗李世民

我还没说话,你就来安慰我了,你这番话肯定没少对别的皇帝说。

唐穆宗李恒

儿子果然还是像他爹啊。

唐宪宗李纯

你怎么不生个像我的呢?

汉高祖刘邦

像你,怕不是也求长生不老药了。

群聊机器人

李湛耽于享乐,沉迷蹴鞠和打夜狐,不爱理政,任由权宦王守澄勾结宰臣李逢吉,排斥异己,败坏纲纪,引发了"染工暴动"。 ◀ 知识点

秦始皇嬴政

打夜狐是什么玩意儿?

群聊机器人

深夜以捕狐狸取乐,宫中称之为"打夜狐"。

秦始皇嬴政

大晚上的看得清吗?

唐敬宗李湛

超好玩!我被谋害前刚打完夜狐。

群聊机器人：唐敬宗打夜狐回宫后，与宦官刘克明、田务澄、许文端打马球，又与军将苏佐明、王嘉宪、石定宽等二十八人饮酒，结果被刘克明、苏佐明等谋害。

唐敬宗李湛：他们为什么要害我？我想不明白。

群聊机器人：有一种说法是刘克明与你的后宫嫔妃有染，以为被你发现了，就先下手为强。

唐敬宗李湛：他不是那个什么吗？

群聊机器人：有人说他是假太监，他没有净身。但是刘克明在正史中的事迹很简单，并没有假太监的记载。

秦始皇嬴政：死得不明不白的，太惨了。

唐太宗李世民：都十七岁了还在玩玩玩，我十几岁的时候都已经随父出征了。我大唐估计再也出现不了像我一样的风云人物了。

汉高祖刘邦：你大唐应该是快要结束了。

唐太宗李世民

秦始皇嬴政
完了完了，刘邦发话了，大唐拜拜了！

华夏皇帝群（199）

公元 840 年

系统提示：唐文宗李昂进入群聊

唐穆宗李恒
哟，这不是我的次子李昂吗？

群聊机器人
> 宦官刘克明等伪造遗诏，欲迎唐宪宗之子绛王李悟入宫为帝。宦官王守澄、梁守谦指挥神策军入宫杀了刘克明和绛王李悟，并拥立李昂为帝。 ◀ **知识点**

唐文宗李昂
父皇啊，我差一点点就成功了啊！

唐穆宗李恒
什么意思？

唐文宗李昂
我在位初年，励精求治，放出宫女三千余人，释放五坊鹰犬，省并冗员，想让大唐王朝再度中兴！

唐太宗李世民
我大唐还有这样的皇帝，实属不易啊！

唐文宗李昂
哇，偶像！！！

唐太宗李世民
我是你祖宗！

唐文宗李昂
是祖宗，也是偶像啊！

唐太宗李世民
你倒是接着说下去啊。

唐文宗李昂
我一心想铲除宦官势力，夺回政权，便从下层分别提拔了郑注、李训为御史大夫和宰相作为心腹。利用宦官集团的内部矛盾，大做文章！削去王守澄的兵权，令王守澄饮毒酒自尽。

秦始皇嬴政
哇哦，看来刘邦的预言要失策咯。

汉高祖刘邦
我是说大唐估计要结束了，又没说立刻马上。你没看到他说差一点就成功了吗？说明最后还是失败了。

唐文宗李昂
唉，确实是失败了。我发动甘露之变，企图消灭宦官势力，事败后遭到软禁。

汉高祖刘邦
你瞅瞅！

群聊机器人
唐文宗以观露为名，将宦官头目仇士良骗至禁卫军的后院想要杀他，结果被仇士良发觉。双方激烈战斗后，许多重要的朝廷官员被宦官杀害，其家人也受到牵连而灭门。在这次事变后，受株连被杀了一千多人，史称"甘露之变"。

> 知识点

唐文宗李昂
离成功就差那么一点啊！

群聊机器人
自此以后国家政事由宦官专权，宦官气焰嚣张地威胁天子，藐视宰相，欺凌朝臣犹如草芥。

则天大圣皇帝武则天
就这？还不如我们女人当皇帝呢。

唐文宗李昂
我的境遇连汉献帝都不如啊！

汉献帝刘协
什么意思，还能扯到我？你确实挺惨的，毕竟后面我这

057

山阳郡公当得还是挺舒服的。

汉高祖刘邦

嗯?

汉献帝刘协

[溜了溜了]

群聊机器人

最后唐文宗对此一筹莫展,只是饮酒求醉,赋诗遣怀,带着无限的惆怅,病倒,一命呜呼了。

秦始皇嬴政

可惜了。

华夏皇帝群(200)

公元 846 年

系统提示:唐武宗李炎进入群聊

唐穆宗李恒

这是谁?

唐武宗李炎

父皇,我是李瀍,登基后改了名字。

秦始皇嬴政

好家伙!三个儿子轮流当皇帝。幸好改名字了,不然这个字我还真不认识。

唐文宗李昂
弟弟，怎么是你当皇帝？我的太子呢？

群聊机器人
仇士良和鱼志弘贪图拥立之功，假传圣旨将李瀍立为皇太弟。

唐武宗李炎
别看我是宦官所立的，但我对宦官非常反感。我任用李德裕为宰相，解除宦官仇士良的兵权，还对宦官专权采取了一些裁抑的措施，打击了宦官的嚣张气焰。

唐太宗李世民
这才像样嘛！

秦始皇嬴政
你开始兴奋起来了。

唐武宗李炎
我对一些藩镇进行讨伐，并最终取得了胜利！我还击溃回鹘的进犯，维护了边境地区的安全。

则天大圣皇帝武则天
这个小伙子做得倒蛮不错的嘛！

秦始皇嬴政
奇怪，今天曹操怎么没出来？

知识点

> 群聊机器人
>
> 唐武宗还在政治、经济、文化上进行了一系列改革，其中最具争议的当属灭佛。鉴于寺院经济泛滥，损害国库收入，唐武宗在全国范围内进行了大规模的灭佛行动，也就是我们所说的灭佛运动中的"三武一宗"之一。唐武宗统治时期一度呈现了中兴局面，史称"会昌中兴"。

唐太宗李世民
这做的不是挺好吗？怎么才过了六年就进来了。

唐武宗李炎
突然就病逝了，有可能是我服用长生丹药的缘故吧……

汉高祖刘邦
哇哦，又一个。

唐太宗李世民
年纪轻轻的又没病，吃这个干吗？

汉高祖刘邦
都怪嬴政起的头！

华夏皇帝群（201）

公元 859 年
系统提示：唐宣宗李忱加入群聊

唐武宗李炎
这个是哪位？

群聊机器人
你猜猜？

唐武宗李炎
这个画像看着怎么那么眼熟呢？李怡皇叔，你怎么还活着？

唐宣宗李忱
哈哈哈，我被一个宦官救了，没想到吧？

唐文宗李昂
那个不怎么说话的皇叔？

唐宣宗李忱
是的，一直被你们用来取乐的皇叔。

唐武宗李炎
怎么会是你当皇帝？

群聊机器人
宦官马元贽等人认为李怡较易控制，就把他立为皇太叔，并更名李忱，成为新的皇位继承人。

唐武宗李炎
你果然是在装傻对不对?我一直觉得你不对劲!

唐穆宗李恒
你们怎么能这么对待你们的叔叔?

唐武宗李炎
父亲,他真的装傻装过头了,很不对劲!我怕他会图谋不轨啊!

唐宣宗李忱
我为人低调不行吗?

秦始皇嬴政
怎么看着有点像忍辱负重,并最终逆袭成功的剧本,你们大唐的亲戚关系真复杂啊。

唐太宗李世民
别扯我,跟我没关系。

秦始皇嬴政
还不都是你起的头?

则天大圣皇帝武则天
你是在暗示我跟高宗吗?

秦始皇嬴政
这肯定没有啊,没有!

唐宣宗李忱：太宗！祖宗！偶像！

秦始皇嬴政：哇哦，又来一个。

群聊机器人：唐宣宗为人明察沉断，从谏如流，恭谨节俭，且惠爱民物，勤于政事，孜孜求治！致力于改善中唐以来遗留下来的种种社会问题。他对内贬谪李德裕，结束牛李党争，使中央政权更加巩固；抑制宦官势力过分膨胀；打击不法权贵、外戚。 ← 知识点

唐武宗李炎：什么？你把我用的丞相给贬了？

唐宣宗李忱：我素来厌恶宰相李德裕专权，即位后就立刻把他贬了，不然不安心。

秦始皇嬴政：不懂就问，"牛李党争"是什么？

群聊机器人：指唐代后期以牛僧孺、李宗闵等为领袖的牛党与李德裕、郑覃等为领袖的李党之间的斗争。斗争从唐宪宗时期开始，到唐宣宗时期才结束，持续时间将近四十年。 ← 知识点

秦始皇嬴政

哇哦。

群聊机器人

唐武宗时，李党达到鼎盛，牛党纷纷被罢免；唐宣宗的前期，李党纷纷被贬谪到地方为官。最终以牛党苟延残喘、李党离开中央而结束。

唐文宗李昂

去河北贼易，去朝中朋党难啊！

群聊机器人

宣宗击败吐蕃、收复河西以及陇右地区，又安定塞北、平定安南。尤以收复河湟谷地之举，为安史之乱后唐对吐蕃的重大军事胜利之一。

知识点

唐宣宗李忱

爹，看到了吗？我帮你完成心愿了！

唐宪宗李纯

好啊，做得好啊！

唐穆宗李恒

我当初就说过弟弟是家里的英明人物，我果然没看错。

唐宪宗李纯

再看看你，只知道享乐。

唐宣宗李忱：多亏了归义军张议潮等人的忠勇啊!

群聊机器人：宣宗在位时,国家相对安定繁荣,史称"大中之治"。史家对李忱的评价极高,认为他是与"贞观之治"的唐太宗一样的明君,所以民间称李忱为"小太宗"。 ◀ 知识点

唐太宗李世民：啊?这评价确实是非常高啊,高得离谱!居然能叫"小太宗",我真是没想到啊。

秦始皇嬴政：也不知道是谁之前说的,大唐不会再出现第二个李世民。

唐太宗李世民：今天刘邦怎么没出现啊?是不是觉得预言失败,所以自闭了?

秦始皇嬴政：这话题转移得好啊!

汉高祖刘邦：哼哼,我的预言只会迟到,永不缺席!

唐太宗李世民：哇哦,我好怕怕哦!

唐宣宗李忱
事实证明，长生药真的不能乱吃啊！

唐太宗李世民
前车之鉴没看到吗？你前面有多少个皇帝因为吃长生药驾崩的。

秦始皇嬴政
欢迎加入我们寻找长生不老药的队伍！

华夏皇帝群（202）

公元 873 年
系统提示：唐懿宗李漼进入群聊

群聊机器人
哇哦，宣宗你这儿子可厉害了。

唐宣宗李忱
我儿子？

唐懿宗李漼
父皇，我是李温呀！

秦始皇嬴政
你们大唐的皇帝怎么老是改名字啊？真麻烦！

唐宣宗李忱
咦，怎么不是李滋继位……

唐懿宗李漼
啊？我是嫡长子，理当继位啊！

唐宣宗李忱
但我还是比较喜爱李滋。

群聊机器人
唐宣宗临终时，将李滋托付于内枢密使王归长、马公儒、宣徽南院使王居方，他们三个人根据遗诏让李滋即位。但没想到，左神策护军中尉宦官王宗实发动政变，王宗实矫诏以李温为皇太子监国理政，并杀了他们三人。

知识点

唐懿宗李漼
这……

群聊机器人
@唐宣宗李忱 事实证明，你当初更喜欢李滋不是没有道理的。

唐宣宗李忱
什么意思？

群聊机器人
唐懿宗是你们唐朝有名的昏君，继位之初确实有过励精图治之举，但只是昙花一现。

唐太宗李世民
这就是你一开始说的可厉害了?

唐宣宗李忱
昏君?

群聊机器人
对呀,能把前几任皇帝刚恢复的国力挥霍殆尽,也是没谁了。唐懿宗在位期间,沉湎游乐,对宴会、乐舞和游玩的兴致远远高出国家政事,对上朝的热情明显不如饮酒作乐。

唐宣宗李忱
我当初纠结啥啊,就应该让李滋当太子!

群聊机器人
给你说一说你儿子的事迹。懿宗在宫中,每日一小宴,三日一大宴,每个月在宫里总要大摆宴席十几次。不仅这样,还要有音乐助兴,养了五百多名乐工,专门为他演奏音乐,动不动就是上千贯钱的赏赐。

秦始皇嬴政
哇哦,这就是富二代啊!宣宗你省吃俭用省的钱,全被你儿子拿来享受了。

汉高祖刘邦
都说了,迟早的事呢。

> **群聊机器人**
> 懿宗每次出行，宫廷内外的随从多达十余万人，费用开支之大难以计算，这成为国家财政的一项沉重负担。他信奉佛教，广建寺院，大造佛像，广施钱财，曾经为迎回佛骨而耗费了大量的财力物力。

唐武宗李炎
> 真有你的！我刚灭完，你又给它搞起来了。

> **群聊机器人**
> 懿宗在位期间，走马灯似的一共任用了二十一位宰相。这些宰相不是碌碌无为就是爱财如命、为人不堪。

唐宣宗李忱
> 够了够了！看着头疼，我接受不了。

> **群聊机器人**
> 有一点还是挺不错的，唐懿宗十分宠爱同昌公主，疼女儿总没毛病吧。公主出嫁时，陪嫁的嫁妆更是无法形容，金银财宝无数，奇珍异宝更是不计其数，怕不是把国库都送出去了呢。

唐太宗李世民
> 你咋不把皇位都送给她呢？

唐懿宗李漼
> 这我哪敢啊……

069

> 群聊机器人
> 也正因为唐懿宗李漼游宴无度、骄奢淫逸、任人不能，导致大唐又要开始乱起来咯。

秦始皇嬴政
> 精彩！

< 华夏皇帝群（202） ···

公元 884 年

> 群聊机器人
> 今年唐末农民起义领袖冲天大将军黄巢去世了。

唐太宗李世民
> 嘿嘿，居然还敢起义，反了天了。

秦始皇嬴政
> 李世民，别忘了你也是起义的啊，双标了，双标了！

> 群聊机器人
> **【知识点】** 公元880年，黄巢进入洛阳，突破潼关，进入长安，即位于含元殿，国号"大齐"，年号"金统"。他大肆屠戮唐朝宗室百官，史称"黄巢之乱"。

唐太宗李世民
> 长安、洛阳又失守了？

唐武宗李炎

还以为我大唐要重返巅峰了,没想到啊,只要一个昏君就毁掉了!

汉高祖刘邦

哈哈哈!意料之中,意料之中啊!

唐太宗李世民

刘邦,真有你的!

秦始皇嬴政

黄巢都当皇帝了,你怎么不拉进来?让我看看啊!

群聊机器人

你要说他后面把唐朝灭了,我还能拉他进来。没多久他就在唐朝将领李克用、王重荣等人的猛烈反攻下,退出长安了。

唐宣宗李忱

我有罪啊,我当初就不应该纠结太子之位啊!

群聊机器人

分享一首黄巢作的诗,是他进士一直没考上,满怀愤恨写了一首《不第后赋菊》:"待到秋来九月八,我花开后百花杀。冲天香阵透长安,满城尽带黄金甲。"

> 知识点

秦始皇嬴政

好诗!

唐太宗李世民

唐宣宗李忱
等等,我突然想起了一个事情,我都没立皇后,你嫡长子的身份是哪里来的?你不就只是长子吗?

唐懿宗李漼
那你没皇后,按照顺序我是长子,也是理当我继位呀!

唐宣宗李忱
我当初就应该早点立太子,不应该等到要驾崩的时候啊!

秦始皇嬴政
这剧本我熟!

秦二世胡亥
还真有点像,哈哈哈!但是他没有杀兄弟姐妹。

秦始皇嬴政
让你出来了?

唐懿宗李漼
而且后来我给我母亲追谥皇后封号了,我是说嫡长子显得更加名正言顺嘛。

> 群聊机器人
>
> 狡辩！你再接着狡辩！明明就是自己说错了，你这样会让读者们觉得宣宗去世前就已立了皇后，所以你才是嫡长子。

唐懿宗李漼
> 略略略！

秦始皇嬴政
> 你们唐朝不都是竞争上岗的吗？是吧，二凤？

唐太宗李世民
> 啊？咱俩能不能别叫这么亲切，我吐了。

秦始皇嬴政
> 为什么读者们都叫你"二凤"啊？

> 群聊机器人
>
> 因为李世民在家里排行老二，然后他自己写了一篇《威凤赋》，把自己比作凤凰，所以他就有了"李二凤"这个外号，简称"二凤"。

知识点

秦始皇嬴政
> 妙啊，那我有没有啥外号啊？

> 群聊机器人
>
> 那就看看弹幕跟评论怎么说吧，哈哈哈！

073

华夏皇帝群（203）

公元888年

系统提示：唐僖宗李儇进入群聊

群聊机器人：他在位期间，权宦田令孜把持朝政，政局日益混乱。

秦始皇嬴政：说吧，本名叫什么？

唐僖宗李儇：啊？本名叫李俨。

秦始皇嬴政：这字改得都不认识了。

群聊机器人：这字读xuān，记住了。改名估计是为了所谓的为尊者名忌讳吧，改成生僻字方便避讳。

> 知识点

秦始皇嬴政：[表情]

唐太宗李世民：我只想知道我大唐怎么样了。

汉高祖刘邦：我也想知道，哈哈哈！

唐僖宗李儇

就挺不好的……王仙芝、黄巢造反，州县欺瞒上级，朝廷不知实情。各地拥兵的节度使为求自保，坐视观望，所以起义军发展很快。

群聊机器人

可是你好像并没有停止寻欢作乐啊！甚至在为逃离长安做准备时，竟然用打马球赌输赢的办法来任免官职，这就是历史上臭名昭著的"击球赌三川"。 ◀ 知识点

唐太宗李世民

长安、洛阳守不住是有原因的。

唐僖宗李儇

虽然长安失陷后，我逃亡蜀地，但是在这期间，我调动各镇节度使平定黄巢造反，最后还是打回来了。

群聊机器人

是黄巢的起义军内部产生了分歧和分化，一些将领接受了朝廷的招安，形势才发生逆转。

唐僖宗李儇

对的对的！特别是朱温，简直是天赐我也！

唐太宗李世民

你这是很骄傲咯？

群聊机器人

但是唐僖宗进入长安没多久，长安再次沦陷，他又跑了。

075

唐僖宗李儇
我是被劫持的！

唐太宗李世民
（图）

群聊机器人
唐僖宗宠信的宦官田令孜，因企图从王重荣手中夺得池盐之利而与之交恶，联合朱玫和李昌符向王重荣开战。王重荣联手李克用，大败朱玫和李昌符，进逼长安，田令孜挟持唐僖宗逃离长安。

唐僖宗李儇
让我没想到的是，朱玫居然将襄王李煴立为傀儡皇帝，把我尊为太上皇。

秦始皇嬴政
有一说一，看着有点乱，这些人我们都不认识。

唐僖宗李儇
我以正统为号召，把王重荣和李克用争取过来反攻朱玫，同时密诏朱玫的爱将王行瑜，令他率众回长安对付朱玫。

汉武帝刘彻
有点搞笑，王重荣和李克用把长安攻破了，然后又回头帮你打长安。

唐僖宗李儇

有可能是因为他们不接受朱玫立的傀儡皇帝吧，还有就是因为田令孜被贬斥。

汉高祖刘邦

连我曾孙子都看不下去，出来说话了，哈哈哈！

唐太宗李世民

我的长安啊！

> 群聊机器人
> 长安遭到大肆焚烧抢掠，确实不成样子了。

华夏皇帝群（204）

公元 904 年
系统提示：唐昭宗李晔进入群聊

唐昭宗李晔

哥！你为什么要用朱温呢？

唐僖宗李儇

怎么了？朱温那么强。

唐昭宗李晔

确实挺强的，他都派人把我宰了。

秦始皇嬴政
哇哦，这就是天赐之人吗？

群聊机器人
朱温担心昭宗会联合别人来讨伐自己，就对他痛下狠手。朱温的手下蒋玄晖和史太带领一百多人在深夜进入宫殿，把昭宗杀了。

知识点

唐昭宗李晔
当时我只穿着单衣绕柱躲藏，可惜他们不讲武德，我大意了，没闪掉！

秦始皇嬴政
你这不行，身法不够好，年轻人多向我学习学习。

唐僖宗李儇
朱温！果然是叛党，没一个好东西。

唐昭宗李晔
我即位后尊礼朝臣，励精图治，希望恢宏旧业，号令天下；制定出一套适应当前形势的统治方略，想内除宦官，外制藩镇！可惜梦想与现实还是大相径庭！我怎么谁都打不过啊，李克用也太猛了吧，多个藩镇联合攻打李克用都没打过！我后悔自己的判断失误，致使自己组建的禁军损失殆尽，即位后在削藩上所做的努力也通通付之东流。

群聊机器人
还是有收获的，毕竟你把宦官杨复恭给打跑了。

唐太宗李世民
看你们打仗真的看得我揪心。

秦始皇嬴政
谁让你是秦王呢？

唐昭宗李晔
既然藩镇打不过，那我就除宦官呗。本来我和宰相崔胤图谋尽诛宦官，可惜泄密了，神策军中尉宦官刘季述等人发动政变，把我软禁了起来，他们让太子李裕开始监国，称帝。

群聊机器人
后来朱温派人将实行政变的宦官们一个个都暗地里除掉了，拥立昭宗复位。

唐昭宗李晔
崔胤想借朱温的力量诛尽宦官，结果宦官韩全诲请来李茂贞的几千兵马驻守长安。朱温领兵讨伐韩全诲，我就被劫持到了凤翔李茂贞处。

群聊机器人
朱温将凤翔城包围起来，一直围困了一年多，李茂贞守得粮草用尽，为了充饥，城内人开始自相残杀。

唐昭宗李晔
最终我被交到朱温的手上，被迫迁都到了洛阳。

唐高宗李治
我大唐的皇帝怎么会落得如此下场?

唐昭宗李晔
朱温拥兵自重,对唐室社稷垂涎已久了,我怕他要篡位了……

唐太宗李世民
李隆基呢?出来挨打!

华夏皇帝群

群聊机器人

第三章

群聊机器人

五代十国之梁晋争霸

后梁太祖朱温

华夏皇帝群（205）

公元908年
系统提示：唐哀帝李柷进入群聊

唐哀帝李柷
祖宗们……我们大唐没了……

群聊机器人
[知识点] 公元907年，朱温通过禅让的形式夺取了唐哀帝的帝位，代唐称帝，建国号梁，改年号为开平，史称"后梁"。

唐太宗李世民
等他进来，我非打死他不可。

唐哀帝李柷
朱温做了皇帝都不放过我，还把我毒害了。

秦始皇嬴政
正常，很正常。

唐昭宗李晔
其实，还有个皇子被我隐藏在民间。

群聊机器人
[知识点] 你这个儿子不得了哦，胡三公把他改名叫胡昌翼，明经胡氏始祖！年少之时便以天资聪慧闻名遐迩，令其乡人无不赞叹，此后考取了后唐的明经科第二名。他本想由此步入仕途，但是知道自己的真实身份后，自此无意科

举，改为专心研学，在乡中开设书院，为人乐善好施，被后人尊称为"明经公"。他留下来的这一门胡姓，也因此被人们称为"明经胡"。

唐昭宗李晔
好啊！可惜他不是皇帝，不然肯定能治理好我大唐。

秦始皇嬴政
好家伙！隐藏在民间的皇子这么猛。

群聊机器人
他的后代还有不少名人呢！徽墨大家胡开文，红顶商人胡雪岩，学者胡适等。虽然你们都不认识，读者们认识就好啦。

汉高祖刘邦
等等，就我注意到了后唐吗？

唐太宗李世民

群聊机器人
当我没说

华夏皇帝群（206）

公元 912 年
系统提示：后梁太祖朱温进入群聊

> 群聊机器人：朱温还有其他名字，唐僖宗为他赐名"朱全忠"，称帝后又改名朱晃。

【知识点】

唐僖宗李儇：我想收回"全忠"这个赐名，我后悔了。

后梁太祖朱温：大家都在呢。

唐太宗李世民：朱温，我等你很久了！

唐高宗李治：我也是！

唐高祖李渊：儿子孙子给我冲！

则天大圣皇帝武则天：难得啊，一家子这么同仇敌忾。

后梁太祖朱温：咱们别把活着时的恩怨带到这里嘛。

唐太宗李世民
你活着的时候夺我江山，去世后就不能我欺负你了？

后梁太祖朱温
我怎么想得到驾崩后还会进入这么个鬼地方。

群聊机器人
什么？

后梁太祖朱温
这么个好地方！好地方！我其实在思考当初篡位是不是正确的，把自己给玩死了。

唐太宗李世民
好家伙！篡位篡着玩的？

秦始皇嬴政
你怎么还把自己玩死了？

后梁太祖朱温
因为要立太子啊。我的长子朱友裕走得早，剩下的几个儿子又不堪重用，只有养子朱友文尚成器，因而决定传位于他。

群聊机器人
你确定不是因为朱友文的妻子王氏长得很美，你最宠爱她，所以才想立朱友文为太子的吗？

秦始皇嬴政

好像有大瓜！

群聊机器人

朱温本来有个贤妻叫张惠，朱温对她礼遇有加，每次遇到军国大事，都必会与张氏进行商议，可惜她在朱温称帝前就去世了。在此之后朱温开始纵情于声色，朱温诸子常年在外统兵，于是朱温给儿子们戴了绿帽子。

秦始皇嬴政

哇哦！

唐玄宗李隆基

前车之鉴在这儿呢。

唐太宗李世民

你还好意思出来？

群聊机器人

朱温的儿子们对父亲的行为不但不愤恨，反而不知廉耻地利用妻子在父亲面前争宠，千方百计地讨好朱温，博取他的欢心，以求将来能继承皇位。

唐太宗李世民

能干出这种臭不要脸的事的，也就只有你跟你的儿子们了。

汉高祖刘邦

前面那个娶自己儿媳的已经亡国了。

秦始皇嬴政

那为什么把自己玩死了？

后梁太祖朱温

我儿子朱友珪指使冯廷谔把我杀了。我绕着大殿内的柱子躲避，他挥刀三次都没砍到我。可惜他也不讲武德！我力竭，倒于床榻，没闪开，被他刺了一刀，随即毙命。

唐昭宗李晔

哈哈哈，天道好轮回啊！

秦始皇嬴政

看来绕柱子还是要看我啊！

群聊机器人

荆轲骂咧咧地说："唉！就我没行刺成功。"

华夏皇帝群（207）

公元913年

系统提示：后梁废帝朱友珪进入群聊

后梁太祖朱温

只过了一年就进来了？

群聊机器人

朱友珪弑父登基后，大量赏赐将士以图收买人心。然而众多老将颇为不平，而朱友珪亦荒淫无度，因此人心涣

087

散，民怨沸腾。

唐太宗李世民
然后就被废了是不是？哈哈哈！

群聊机器人
朱温的儿子朱友贞、女婿赵岩、外甥袁象先与将领杨师厚等人密谋政变，朱友珪见逃走不成，于是命冯廷谔把他和张皇后都杀了。

后梁太祖朱温
逆子！活该！

汉高祖刘邦
其他藩镇难道无动于衷吗？没道理啊，不应该啊！我还以为跟十六国一样呢？

群聊机器人
你闭嘴！

< **华夏皇帝群（208）** ···

公元 918 年
系统提示：前蜀高祖王建进入群聊

唐僖宗李儇
王建？

唐昭宗李晔
蜀王？

秦始皇嬴政
刘邦这个开过光的嘴真的顶。

后梁太祖朱温
哟，你也来啦。

前蜀高祖王建
小老弟，听说你被自己儿子害了，真够搞笑的，哈哈哈！

唐太宗李世民
什么意思？现在是藩镇也敢称帝了吗？

秦始皇嬴政
小场面，小场面。

前蜀高祖王建
朱温篡位，我肯定不承认他的正统性啊！传檄天下，想联合各藩镇讨伐朱温。但是，各藩镇都无人响应。

群聊机器人
你的真实用意是这个吗？根据记载"四方知其非诚实，皆不应"。

前蜀高祖王建
呃……这不是重点！那既然没人响应，我就只能自立为帝了。

唐太宗李世民

你就不能打着我大唐的旗号去征讨反贼吗？

前蜀高祖王建

现在的形势很混乱啊，我一个人怕是做不到啊。

群聊机器人

知识点 ▶ 王建在位时期，励精图治，注重农桑，兴修水利，扩张疆土，实行"与民休息"的政策，使蜀中得以大治。在王建统治期间，前蜀境内没有爆发大规模战争，可以说是乱世中的一片净土。

秦始皇嬴政

这样倒也还不错。

< 　　　　　华夏皇帝群（209）　　　　　...

公元 923 年

系统提示：后唐太祖李克用进入群聊

唐昭宗李晔

李克用？

则天大圣皇帝武则天

后唐？这是什么意思？

秦始皇嬴政
这个我太熟了，哈哈哈！

群聊机器人
公元923年，李克用的儿子李存勖称帝，沿用"唐"为国号，又追赠父祖三代为皇帝，与唐高祖、唐太宗、唐懿宗、唐昭宗并列七庙，以示自己是唐朝的合法继承人，史家称之为后唐。 ◀ 知识点

唐太宗李世民
看了这么久，他们应该不是我大唐的血脉吧？

群聊机器人
他们是沙陀族，唐懿宗那会儿给他们赐名李姓，李克用后面还被写入了李唐宗室的族谱呢。朱温篡唐的时候也杀了很多大唐宗室，剩下的宗室后代基本是很旁支的那种了。

唐太宗李世民
这已经不是我心中的大唐了。

后唐太祖李克用
我儿子居然称帝了吗？

后梁太祖朱温
你儿子可了不得啊。生子当如李亚子！我的儿子们跟他一比，简直如同猪狗一般。

知识点

> 群聊机器人
> 李存勖为什么会叫李亚子？

> 唐昭宗李晔
> 那还不是我对人称赞说他"可亚其父"。

> 群聊机器人
> 好家伙，竟敢抢我台词！意思就是李存勖能超过其父亲，使父亲屈居亚军，所以李存勖得名李亚子。

> 后唐太祖李克用
> 朱温，你居然敢称帝！要不是我患重病去世，我就去揍你了！

> 后梁太祖朱温
> 我的老朋友，你别这样！都多久的事情了。十几年没见，真的好想你哦！

> 后唐太祖李克用
> 走开走开！别恶心我。

> 后梁太祖朱温
> 看到你儿子都称帝了，我已经知道大梁要完蛋了。我的儿子们没有一个是他的对手。

> 后唐太祖李克用
> 也不看看是谁的儿子。

后梁太祖朱温

哎呀，居然还给你吹起来了。

汉高祖刘邦

朱温，你什么意思？竟敢抢我预言家的名分！

群聊机器人

确实，现在你们两个人的儿子正在打架呢。

唐太宗李世民

我突然发现了一件事。

秦始皇嬴政

什么事？

唐太宗李世民

李克用的庙号是太祖，他儿子把我们并列七庙的话，那我只是太宗！他居然是太祖，这是什么意思？他配吗？

后梁太祖朱温

就是，就是。

后唐太祖李克用

大佬！不关我的事啊！我儿子给的不怪我。想当初王建要我一起称帝的时候，我都拒绝了，我一直以复兴唐朝的名义与后梁相对抗。

唐太宗李世民
我不管,我不爽,先骂你一顿。

华夏皇帝群(210)

系统提示:后梁末帝朱友贞进入群聊

秦始皇嬴政
哇哦,末帝欸,看来后梁没了。

唐太宗李世民
舒服了。

后梁太祖朱温
还好早就有心理准备了。

后唐太祖李克用
哈哈哈!我们两个人打了这么多年,终于在儿子这辈中分出胜负了。

后梁末帝朱友贞
父亲,我……

后梁太祖朱温
没事,你打不过李存勖很正常。你父亲我当初都没打过,更何况你。

后梁末帝朱友贞
我最后都没逃走,为了不让自己落在李存勖的手里受辱,我让皇甫麟把我杀了!

后唐太祖李克用
哟,你这儿子倒也有点骨气。

后唐太祖李克用
有一说一,我是没想到我儿子居然能打败你,他都没上过战场。

后梁太祖朱温
我也没想到,我当初都杀了你两个儿子了。

后唐太祖李克用
如果你当初没杀那两个的话,说不准李存勖都没机会当皇帝。

后梁太祖朱温
那我还是自作自受咯?

群聊机器人
李克用手底下还有一个著名的团体,叫"十三太保"。

> 知识点

秦始皇嬴政
什么意思?成团出道了?

群聊机器人
你别搞啊。十三太保为唐朝末年节度使李克用的十三位儿子(包括义子),因皆被封为太保而得名。有时,"十三太保"也特指第十三位义子李存孝。

后唐太祖李克用
李存孝啊，可惜啊！我其实不想杀他的，谁能想到居然没有人愿意为他求情。

后梁太祖朱温
还好他被你宰了，不然这人也很猛。

群聊机器人
在以后的历史中有许多人物组合、团体都以"十三太保"为号。

秦始皇嬴政
居然还出名了。

后梁太祖朱温
李克用啊，我听说你去世前给了李存勖三支箭，一支打刘仁恭，一支打契丹的耶律阿保机，还有一支是打我的大梁，真的假的啊？

> 知识点

群聊机器人
晋王三矢，是五代十国时期的一个著名典故。但是它的真实性是备受质疑的，有史学家认为是后人杜撰的，以此夸耀李存勖的英明神武。

秦始皇嬴政
这个耶律阿保机的名字有点怪啊。

后梁太祖朱温
他是北方的游牧民族啦。

华夏皇帝群（211）

公元 926 年
系统提示：前蜀末代皇帝王衍进入群聊

秦始皇嬴政
> 又一个末代皇帝。

群聊机器人
> 公元925年，李存勖遣魏王李继岌、郭崇韬等发兵攻打前蜀，前蜀灭亡。 [知识点]

后唐太祖李克用
> [骄傲猫图]

群聊机器人
> 王衍在位期间，荒淫无道，委政于宦官、狎客。他好微服出游民间，日夜饮酒，生活奢侈，营建宫殿，巡游诸郡，耗费了大量财力，令蜀人不得安宁。

秦始皇嬴政
> 跟王建形成了鲜明的对比啊！

群聊机器人
> 太后、太妃卖官鬻爵，臣僚贿赂公行，政治上十分腐朽。

前蜀高祖王建
> 这都干的什么事啊！王衍，你别不说话，我知道你在看！

097

> 群聊机器人

> 本来李存勖给了王衍封地,但是后来他采纳了别人的建议,派遣宦官向延嗣杀了王衍及其宗族。

前蜀高祖王建
> 李克用!你这个儿子居然出尔反尔。

后唐太祖李克用
> 好啊,这都怪我。

> 群聊机器人

> 晚一些还会有两个大人物进来哦。

汉高祖刘邦
> 大人物?现在已知的大人物就只有李存勖了呀,还有个会是谁啊?

秦始皇嬴政
> @后唐太祖李克用 刘邦开口了,耗子尾汁(好自为之)。

后唐太祖李克用
> (??猫图)

华夏皇帝群（212）

系统提示：后唐庄宗李存勖进入群聊

秦始皇嬴政
刘邦！牛！

后唐太祖李克用
儿子？你不是刚灭完前蜀，怎么就进来了？

后唐庄宗李存勖
魏州发生兵变，我派李嗣源率侍卫亲军北上平叛，谁能想到他也叛变了。

群聊机器人
其实是李嗣源在魏州城下遇到亲军兵变，被劫持入城，与叛军合势。他本无反意，但迫于内外形势，李绍荣（元行钦）又阻碍他申辩，只得率变兵南下。

> 知识点

后唐太祖李克用
怎么会发生兵变？

群聊机器人
李存勖后期用人无方，纵容皇后干政，重用伶人、宦官，猜忌并滥杀功臣，横征暴敛，吝惜钱财，以致百姓困苦、藩镇怨愤、士卒离心。

秦始皇嬴政
难不成又是一个死得太晚的皇帝？

099

> 群聊机器人
>
> 本来李存勖要开内库赈灾的,可是刘皇后不答应,称命运在天,非人力所能挽回。等到李存勖后来要拿钱出来的时候,已经来不及了。

后唐庄宗李存勖
黄河水患的烂摊子明明是朱友贞他们留下的,却要我来承受!

后梁末帝朱友贞
那还不是因为你要来攻打我?

后唐庄宗李存勖
哟!朱友贞,我们打了这么多年的仗,都未能见过一面,没想到能在这里相遇。

后梁末帝朱友贞
一点进来就看到你说我坏话。

后唐太祖李克用
那儿子你是没打过李嗣源吗?

后唐庄宗李存勖
我都没跟他打,我在吃早饭的时候,郭从谦突然发动叛乱,我率军出战,被乱箭射中,然后喝了一碗酪浆,居然直接死了。

> 群聊机器人
>
> 史称"兴教门之变"。

知识点

> 群聊机器人
>
> 你在失血过多的情况下还喝酪浆,这不是死得更快嘛。

秦始皇嬴政
这是个什么说法?

> 群聊机器人
>
> 大量失血后,血容量减少,喝酪浆或者喝水,虽然会增加血容量,但减少了血液中红细胞的比例,会影响血液运输氧气的功能,导致组织细胞供氧不足。

秦始皇嬴政

后唐庄宗李存勖
可惜我前期那么猛,南击后梁,北却契丹,东取河北,西并河中,使得晋国日益强盛。称帝后吞并岐国,灭亡后梁、前蜀,取得凤翔、汉中及两川。

知识点

> 群聊机器人
>
> 确实!你震动了南方割据诸国,后人称"五代领域,无盛于此者"。

后梁太祖朱温
我还以为李存勖会完成大一统呢。

唐太宗李世民
就这,就这?

秦始皇嬴政
李世民,你的大唐又没了。

唐太宗李世民
沙陀唐也算是唐吗?

后唐庄宗李存勖
[尴尬地笑笑]

华夏皇帝群(213)

系统提示:辽太祖耶律阿保机进入群聊

后唐太祖李克用
辽?

后梁太祖朱温
阿保机?

后唐庄宗李存勖
居然跟我同一年没了。

秦始皇嬴政
又来了一个北方的新朋友。

辽太祖耶律阿保机
辽太祖?我的国号明明是契丹!

>群聊机器人

>你儿子后来改国号了。

辽太祖耶律阿保机
这群里熟人还挺多啊!

后唐太祖李克用
阿保机!枉你还跟我结为兄弟,后来居然背信弃义。你们契丹的可汗之位,不是三年改选一次吗?

>群聊机器人

>耶律阿保机的目标是像中原的皇帝一样建立终身制和世袭制,所以在他任可汗满三年时不肯交出大权,凭借他的实力和威望继续坐在可汗的宝座上。他在公元916年建国称帝了!称帝后,就命人借用三百个汉字作为参照,创造出了契丹文字。说个题外话,现在俄语发音称中国仍为"契丹"。

知识点

秦始皇嬴政
好家伙,一个个的都在学我当皇帝。

辽太祖耶律阿保机
[表情]

辽太祖耶律阿保机
@汉高祖刘邦 偶像在吗?偶像!

汉高祖刘邦
稳住,不要迷恋哥,哥只是个传说。

群聊机器人
他本人羡慕萧何辅助汉高祖刘邦的典故,特意给契丹部落中的乙室氏和拨里氏这两个有功于国的大族赐姓为"萧"。辽代的皇后,都是出自乙室氏和拨里氏这两个部落,但也有例外。

辽太祖耶律阿保机
什么?是哪个小兔崽子违背了规矩?

汉高祖刘邦
别激动,后面你就知道了。

< **华夏皇帝群(214)** ...

公元 927 年
系统提示:南吴太祖杨行密进入群聊

吴大帝孙权
什么意思?吴太祖不是我吗?

秦始皇嬴政
阿权,好久没看到你露脸了。

吴大帝孙权
我也想露脸啊,可惜没有机会,哈哈哈!

南吴太祖杨行密

这里是？怎么这么多大佬？

群聊机器人

你的第四子杨溥称帝了，然后给你追尊了谥号。他还追谥了吴烈祖杨渥、吴高祖杨隆演，但是我没拉他们进群，你们懂的，哈哈哈！

秦始皇嬴政

不懂，我们不懂。

群聊机器人

你别捣乱！

吴大帝孙权

追谥的太祖肯定不能跟我比。

魏武帝曹操

孙十万，别了吧，追谥能被拉进群聊的都是干过大事的人。

吴大帝孙权

曹阿瞒！

南吴太祖杨行密

你们在说啥啊，我这眼睛看不清！我去找个人帮我念一下。

群聊机器人

你别装了行不行？到这里了还装，我是不是要给你颁个奖啊?

南吴太祖杨行密
哈哈哈！被你发现了。

南吴太祖杨行密
@吴大帝孙权 我只是被封了吴王而已，我都没想到我的儿子居然敢称帝。

吴大帝孙权
我不管，吴太祖是我的！

群聊机器人
你是孙吴太祖，他是南吴太祖，还是有区别的，哈哈哈！

吴大帝孙权
[懒得理你]

魏武帝曹操
合肥都打不下来，别丢人了。

唐太宗李世民
我表叔在偷偷哭泣，哈哈哈！

群聊机器人
杨行密原名杨行愍，因高骈要求，改名杨行密。杨行密为政颇能选拔贤才，召集流散，轻徭薄赋，劝课农桑，

知识点

使得江淮一带的社会经济在战争的间隙有较大恢复。他是吴国政权的奠基人,实现了由藩镇向王国的转型,南方割据势力与北方中原政权并存的局面得以实现。

后梁太祖朱温
杨行密!都是你阻止我向南推进的步伐!

南吴太祖杨行密
我这可是成功避免了全国更大范围的动乱呢!

群聊机器人
杨行密可是有着"十国第一人"的称号呢。

知识点

秦始皇嬴政
十国?

群聊机器人
现在这个时期是一段大分裂时期,所以除了中原地区的政权以外,还存在许多割据政权,其中有十个割据政权被称为十国。

唐太宗李世民
我的大唐啊,居然败成这样了。

秦始皇嬴政
看开点,你的大唐已经没了二十年了。

唐太宗李世民
我知道!你没必要再说一遍!

华夏皇帝群（215）

公元 933 年

系统提示：后唐明宗李嗣源进入群聊

后唐明宗李嗣源：
[保持微笑]

后唐庄宗李存勖：
虽然现在我知道你叛乱是迫不得已，但要不是你叛乱，我就不会御驾亲征，也就不会发生"兴教门之变"了。

群聊机器人：
那不一定哦。你把郭崇韬和李存乂两个功臣杀了，郭从谦可是怀恨在心，迟早会找你报仇的。

后唐太祖李克用：
他们几个有什么关系吗？

群聊机器人：
郭从谦平时视郭崇韬为叔父，又是睦王李存乂的养子。

秦始皇嬴政：
难怪啊。

后唐明宗李嗣源：
[保持微笑]

后唐庄宗李存勖
你一直发表情包干吗?

群聊机器人
他不认字,你又不是不知道。

秦始皇嬴政
不认字也能当皇帝啊?现在做皇帝也太随便了吧。

群聊机器人
他也知道自己是因为动乱,被大家推举出来的,每晚在宫中祷告,盼望上天早点降生圣人,好当百姓的君王。

后唐庄宗李存勖
即便是我没了,他可以立我儿子当皇帝啊。

群聊机器人
当你儿子太惨了,有被安重诲暗中派人杀了的,有被乱军杀害的,有不知所终的,连李继岌都不知为何自缢了。

后唐庄宗李存勖

群聊机器人
但是李嗣源当皇帝当得还可以!他在位期间,废除伶官,整肃军队,打击贪腐,任用贤才,轻徭薄赋,与民休息,出现了小康局面。

> 知识点

汉高祖刘邦

你看,我出生平民,一个泗水亭长,我也没想到自己最后居然当了皇帝。所以只要是好皇帝,不管出身怎么样都可以。

群聊机器人

确实,后面有个皇帝开局就只有一个碗,他愣是打下了江山。

秦始皇嬴政

离谱,很离谱!

后唐明宗李嗣源

你们为什么不理我?都没人回我表情。

秦始皇嬴政

他不是不认字吗?

群聊机器人

可能琢磨到了语音输入吧。

秦始皇嬴政

[保持微笑]

汉高祖刘邦

[保持微笑]

后唐太祖李克用
[保持微笑]

后唐庄宗李存勖
[保持微笑]

群聊机器人
> 可惜他后期姑息藩镇，孟知祥割据两川，权臣安重诲跋扈乱政。次子李从荣发动兵变夺位，结果兵败被杀，导致李嗣源病情加重，最后驾崩了。

后唐明宗李嗣源
[嘿嘿嘿嘿]

秦始皇嬴政
这表情，哈哈哈！

华夏皇帝群（216）

系统提示：闽太祖王审知进入群聊

秦始皇嬴政
这个估计又是追谥的。

> 群聊机器人
> 这个人可是秦名将王翦的后代呢!

秦始皇嬴政
啊?王翦要是知道他后代都能当皇帝,怕不是要造反了。

闽太祖王审知

> 群聊机器人
> 你的次子王延钧今年称帝了,追谥了你帝号。

闽太祖王审知
追谥的人也有资格进来吗?

> 群聊机器人
> 毕竟你在世的时候,做的贡献比较多。

> 群聊机器人
> 王审知在位之时,选贤任能,减省刑法,减轻徭役,降低税收,让百姓得以休养生息,促进了福建的经济和文化发展。而且尽量避免战争,并与中原王朝保持朝贡关系。王审知凭借治理福建发展的贡献,被后世尊称为"开闽尊王""开闽圣王""忠惠尊王"。

知识点

秦始皇嬴政
福建就是闽,是吧?

群聊机器人

哎呀，小脑袋瓜转得真快啊！

群聊机器人

@南吴太祖杨行密 你们吴国跟闽国关系不睦呢。

南吴太祖杨行密

什么意思？

闽太祖王审知

你们吴国的使者张知远，举止太傲慢，被我杀了。

南吴太祖杨行密

好啊，两国相交不斩来使，没听过？

闽太祖王审知

我就宰了咋地，你儿子也没因此跟我发生什么军事冲突。

秦始皇嬴政

那就在这里打起来，打起来！

汉高祖刘邦

[妙啊]

华夏皇帝群（217）

公元 934 年
系统提示：后唐闵帝李从厚进入群聊

> 群聊机器人
> 也有一种说法是憨皇帝。

> 秦始皇嬴政
> 这么快啊？

> 群聊机器人
> **【知识点】** 潞王李从珂在凤翔起兵叛乱，攻至洛阳称帝。李从厚逃至卫州，不久遇刺身亡。

华夏皇帝群（218）

系统提示：后蜀高祖孟知祥进入群聊

> 群聊机器人
> **【知识点】** 唐明宗统治后期，孟知祥渐生据蜀自立之心，不听诏令，举兵反叛，率军吞并东川，尽占两川之地。公元934年，孟知祥在成都称帝，国号蜀，史称后蜀。

> 前蜀高祖王建
> 后蜀？

> 后唐太祖李克用
> 女婿？

114

后唐庄宗李存勖

之前看到介绍说你割据两川，没想到你在李嗣源去世后就称帝了。

前蜀高祖王建

这么看来，你也没做多久的皇帝就死了啊，居然还学我用"蜀"来做国号。

群聊机器人

@汉昭烈帝刘备 很多人说你看到"蜀"都没反应。

汉昭烈帝刘备

我为什么要有反应？我的国号是"汉"，又不是"蜀"。别觉得史称我为"蜀汉"，我就一定要对"蜀"有反应。

群聊机器人

确实。

后蜀高祖孟知祥

岳岳……岳父大人，你听我解释……这事说来话长。

后唐太祖李克用

不听不听！你背叛了我们。

后唐庄宗李存勖

爹，这就是你的好女婿，我的好姐夫啊。

后蜀高祖孟知祥

溜了溜了

115

华夏皇帝群（219）

公元 935 年

系统提示：闽太宗王延钧进入群聊

群聊机器人

> **知识点**　继位后更名王鏻（又作王璘），在《资治通鉴》中谥号为齐肃明孝皇帝，庙号惠宗。

秦始皇嬴政
现在史籍资料已经这么多了吗？

闽太宗王延钧
骗子啊！骗子啊！

闽太祖王审知
儿子，怎么了？

闽太宗王延钧
道士说我可以当六十年的天子，六十年后我就是大罗仙人。

秦始皇嬴政
不是吧？现在都什么年代了，这种话还有人相信啊？

闽太宗王延钧
所以我才会称帝啊，没想到在位没几年，就被自己的儿子篡位杀了。

群聊机器人

> 我们要说得精确一点，你是被士兵刺伤了，然后宫人不忍心看你痛苦，才把你杀了的。

闽太宗王延钧
总而言之，还是被我儿子王继鹏害的。

秦始皇嬴政
没事，群里也有好几个被儿子害的，欢迎你加入他们。

闽太祖王审知
家门不幸啊！

华夏皇帝群（220）

公元 937 年
系统提示：后唐末帝李从珂进入群聊

后唐庄宗李存勖
末帝？

秦始皇嬴政
字面意思都看不懂吗？

后唐末帝李从珂
石敬瑭遣使向契丹割地称臣，带着契丹援军来攻打我们。

辽太祖耶律阿保机

哈哈哈！李存勖你看看，你们后唐都进来几个了，而我儿子还健在，看样子应该是把你们灭了。

后唐庄宗李存勖

你别忘了，当初是怎么被我揍的。

群聊机器人

其实后唐的兵力还是很强的，但李从珂志气消沉，昼夜饮酒悲歌，不敢领兵出战，坐等灭亡。各藩镇将领见状，纷纷投降石敬瑭。

后唐庄宗李存勖

老三，当初我还夸你和我不仅同龄，而且同样敢于战斗！现在怎么就变成这样了？

后唐末帝李从珂

我确实只会打仗，没有治国的才能。

后唐庄宗李存勖

石敬瑭为何会叛乱？

后唐末帝李从珂

应该是因为我对他猜忌，还要削弱他的兵权。

后唐庄宗李存勖

那石敬瑭把哪个地方割给契丹了？

辽太祖耶律阿保机

是不是燕云十六州？我契丹最想要的就是这块地方，当初一直没有打下来！一旦你们失去了燕云十六州，整个中原就会无险可守！铁骑南下，将是一马平川！

后唐末帝李从珂

听说是的……

后唐庄宗李存勖

[当场去世]

辽太祖耶律阿保机

[邪魅一笑]

秦始皇嬴政

真就是白给啊？

群聊机器人

阿政，告诉你一个不好的消息……李从珂见大势已去，于是带着传国玉玺登上玄武楼，自焚了……你的传国玉玺，从此不知所终。

秦始皇嬴政

啊？当初磕了一个角就算了！现在直接没了？不是啊！你自焚就自焚，带着我的玉玺一起自焚干什么？它招你惹你了？这么一个大宝贝！留着不好吗？它烧也烧不坏啊！怕不是有人打扫废墟的时候拿走藏起来了！

119

后唐末帝李从珂

我……就是不想给他们留着。

秦始皇嬴政

后唐末帝李从珂

@辽太祖耶律阿保机 你别笑，我在自焚前，特意把你儿子给杀了。

辽太祖耶律阿保机

什么？我的哪个儿子？

后唐末帝李从珂

他汉名叫李赞华，也就是你的长子耶律倍。

辽太祖耶律阿保机

他不是太子吗？怎么没有继位？那攻打你们的是谁？

后唐末帝李从珂

你的次子耶律德光啊！

辽太祖耶律阿保机

这到底是怎么一回事？

群聊机器人

> **知识点** 耶律倍汉化程度很深，尊孔尚儒，主张契丹全盘汉化，以儒家思想为治国之术。而你的皇后述律平则奉行草原

> 本位主义，主张维护契丹的奴隶制度，所以立次子耶律德光为帝，还借着你驾崩让拥护耶律倍的文武重臣殉葬，甚至不惜自断一臂。

辽太祖耶律阿保机
> 那我儿子怎么跑去了后唐？

群聊机器人
> 没办法呗，弟弟当了皇帝能不防着哥哥吗？然后李嗣源出于政治目的把他叫到了后唐。

后唐末帝李从珂
> 如果是耶律倍当皇帝该多好啊。自从限位后，耶律德光表现得非常残忍无道。

秦始皇嬴政
> [嫌弃]

华夏皇帝群（221）

系统提示：南唐义祖徐温进入群聊

群聊机器人
> 今年徐知诰受杨溥禅位称帝，国号大齐，追尊徐温为太祖。 ◀ 知识点

121

南吴太祖杨行密

徐温你这是什么意思？你可是我的"三十六英雄"之一啊！

南唐义祖徐温

我当初劝杨溥称帝，他还没同意我就病逝了，后面发生了什么事我怎么知道哦？

秦始皇嬴政

信息量有点大，不是大齐吗？怎么会是南唐？！还有徐温不是太祖吗？怎么进群后是义祖？

群聊机器人

徐知诰是徐温的养子，他本名叫李昪。

南唐义祖徐温

看来我的亲生儿子徐知询，到最后也没有斗过他啊！

唐太宗李世民

姓李？

群聊机器人

他自称是唐宪宗之子建王李恪的四世孙，所以后来把国号改为唐。他为唐高祖、唐太宗立庙，追尊父祖四代为皇帝，改奉徐温为义祖。

唐太宗李世民

真就什么阿猫阿狗都能蹭我大唐的热度。

华夏皇帝群（222）

公元 938 年
系统提示：南吴睿帝杨溥进入群聊

南吴太祖杨行密
儿子！

南吴睿帝杨溥
我都已经很低调地去当道士了，没想到徐知诰还是不放过我。您去世后，徐温就独揽大权了。

南吴太祖杨行密
怎么会这样？

群聊机器人
当初你进来的时候，都没好意思跟你说，你儿子虽然当了皇帝，但其实是个傀儡而已。徐温虽然奸诈多疑，但善于任用将吏，执政期间自奉节俭，从不轻易耗用资财。

南唐义祖徐温
[嘿嘿嘿嘿]

华夏皇帝群（223）

公元 939 年

系统提示：闽康宗王继鹏进入群聊

闽太宗王延钧
逆子！

闽康宗王继鹏
父亲，您没资格说我吧，您当初是怎么上位的？自己心里没点数吗？

闽太宗王延钧
你都学会顶嘴了啊你！

群聊机器人
王继鹏亦如其父，十分宠信道士陈守元，连政事亦与之商量，兴建紫微宫。又因工程繁多而费用不足，因此卖官鬻爵，横征暴敛。

秦始皇嬴政
@闽太祖王审知 现在估计气晕过去了吧，都没反应。

群聊机器人
公元939年，朱文进、连重遇被王继鹏怀疑对皇宫纵火，二人怕被杀，所以率先发起兵变，迎王延羲登基为帝，并向王继鹏进攻，最后王继鹏被其堂兄王继业杀死。

> 知识点

闽太宗王延钧

报应啊!

秦始皇嬴政

真就"家家有本难念的经"。

华夏皇帝群

群聊机器人

第四章

群聊机器人

五代十国之契丹崛起

辽太宗耶律德光

华夏皇帝群（224）

公元942年
系统提示：南汉高祖刘䶮进入群聊

群聊机器人

> 刘䶮最早的名字为刘岩，改名皆因据说有一条白龙出现在南宫三清殿，因此他改年号为"白龙"，并采用《周易》"飞龙在天"之义，创造了"䶮"字，最终改名刘䶮。

知识点

汉武帝刘彻

汉高祖刘邦
> 什么意思啊？我大汉又突然回来了？

群聊机器人
> 公元917年，刘䶮称帝，国号大越。次年改国号为汉，史称南汉。

南汉高祖刘䶮
> 太……太祖，武……武帝。

汉武帝刘彻
> 你是我大汉后裔？

南汉高祖刘䶮
> 不是……

汉高祖刘邦
那你国号改为汉？什么意思？

汉武帝刘彻
就因为你姓刘吗？

南汉高祖刘䶮
对呀，因我姓刘，以大汉为年号比较亲切，之前也有不少称国号为汉的嘛。

汉高祖刘邦
所以他们都被我喷了。

南汉高祖刘䶮
这……

群聊机器人
刘䶮乃荒淫残暴之君，广聚珠宝珍玩，大兴土木，还发明了一系列酷刑！然而南汉却没怎么出现重大动乱，这大约与刘䶮用文人治州县，手无兵柄，吏治清明有关！中央虽乱，但地方不乱。

南汉高祖刘䶮
不对呀，我不是把我哥、我爹、我爷爷都追谥为皇帝了吗？他们怎么不在啊？

群聊机器人
追谥是看情况拉进群的。

晋武帝司马炎

为什么他们的国号那么多人用？怎么没人用用我的国号啊？

汉高祖刘邦

放心，肯定会有的。

华夏皇帝群（225）

系统提示：后晋高祖石敬瑭进入群聊

群聊机器人

来了来了，著名的"儿皇帝"来了！

唐太宗李世民

儿皇帝？

晋武帝司马炎

好家伙！我刚说完没人用我的国号，立马就进来了。但怎么是这个小子？他是不是那个割地的？

后唐末帝李从珂

没错，就是这家伙，揍他！

群聊机器人

> **知识点**：他不仅割让燕云十六州给契丹，还承诺每年给契丹进贡大批财物，称耶律德光为"父皇帝"，自称"臣"，为"儿皇帝"。

秦始皇嬴政
你怎么这么没骨气啊!喊别人爹?

群聊机器人
而且耶律德光比他还小了十岁!

后晋高祖石敬瑭
这不能叫没骨气,这叫大丈夫能屈能伸。

唐太宗李世民
打个仗还要请外援,真是垃圾。

晋武帝司马炎
你是个什么玩意儿啊?你建的政权也配叫大晋?

秦始皇嬴政
喀喀,你的晋朝好像也没好到哪儿去哦。

汉武帝刘彻
国号为晋的皇帝,都是这种样子吗?

晋武帝司马炎

汉高祖刘邦
你就不能出尔反尔一下,不把燕云十六州给他吗?你这样过不了多久,契丹肯定要来攻打你。

后唐庄宗李存勖

我辛辛苦苦地抵挡契丹,你却把燕云十六州白白送出去。要不是李嗣源看不懂,你这女婿怕不是要被逐出家门?

后晋高祖石敬瑭

有一说一,对我而言,称帝心切,不择手段取之,没什么不能接受的。在当时那个情况下,我才不管那个地方怎么重要,我只想活着,而且还能称帝,多好啊!

群聊机器人

其实使你遗臭万年的重要原因,还是割让燕云十六州之举,对后世的影响实在太大了。你想让契丹出兵,多送钱物,感觉也是可以实现的。

> 知识点

后晋高祖石敬瑭

这谁知道呢?我这是为了保险起见!

汉高祖刘邦

这燕云十六州,什么时候才能拿回来呢?

秦始皇嬴政

还能拿回来吗?失去简单,拿回来感觉好难啊!

汉高祖刘邦

等个几百年迟早能拿回来的,我们要相信后辈啊!

华夏皇帝群（226）

公元 943 年
系统提示：南唐烈祖李昪进入群聊

则天大圣皇帝武则天
> 来了来了，好久没看到姓李的进群了。

唐太宗李世民
> 蹭热度的人进来了。

南唐烈祖李昪
> 什么哦！我真是唐宪宗之子建王李恪的四世孙啊！

唐宪宗李纯
> 真的假的啊？别乱攀亲戚啊！

唐太宗李世民
> 有证据吗？

南唐烈祖李昪
> 这……

南吴太祖杨行密
> 彭奴原本是个流浪儿，本来是我要领养他的，可惜我的儿子们都拒绝接纳他，就给徐温抚养了。

南唐义祖徐温
> 谢谢您啊！让我还能混个皇帝称号。

南吴太祖杨行密
咱俩客气啥呢。

秦始皇嬴政
你们居然这么和平?

南吴太祖杨行密
我当初就知道他是个俊杰,众将的儿子中没人能比得上他。但是你害我儿子就真的过分了,没有我,你能有现在这样的成就吗?

南唐烈祖李昪
我对你是挺感激的,但是你的儿子们嘛……呵呵呵!

群聊机器人

> **知识点**
> 李昪在位期间,勤于政事,变更旧法,又与吴越和解,保境安民,与民休息。但是晚年崇尚道术,因服用丹药中毒,个性变得暴躁易怒,后来就死了。

则天大圣皇帝武则天
这确实是老李家的传统啊!

唐太宗李世民

华夏皇帝群（227）

系统提示：南汉殇帝刘玢进入群聊

南汉高祖刘䶮
发生了什么？我才进来一年而已啊。

群聊机器人
刘玢继位后，骄傲奢侈，荒淫无度，政事废弛。其弟晋王刘弘熙有了取代之心，在邀请刘玢观赏角力比赛的宴会结束后，将他谋害。

汉高祖刘邦
就这？就这？

秦始皇嬴政
"兄友弟恭"？

华夏皇帝群（228）

公元944年

系统提示：闽景宗王延羲进入群聊

群聊机器人
王延羲继位后，骄傲奢侈，荒淫无度，猜忌宗族，比王继鹏有过之而无不及。其弟王延政多有规劝，王延羲反而回信怒骂，并差人探听王延政的隐私，二人因此结怨。

闽康宗王继鹏
我叔叔跟我半斤八两啊。

群聊机器人
最后王延羲被朱文进、连重遇给杀了。

闽康宗王继鹏
又是这两个浑蛋。

闽太祖王审知
为什么要拉我进来？为什么？拉进来，让我的血压都不知道飙升到哪里去了。

华夏皇帝群（229）

公元 947 年
系统提示：辽太宗耶律德光进入群聊

后晋高祖石敬瑭
爹！您来啦！

秦始皇嬴政
这都进群了，就没必要这么舔狗了吧？

后晋高祖石敬瑭
不好意思啊，习惯了，一时没改过来。还有，你们一个个说我割让燕云十六州，可那会儿幽州还在赵德钧手里啊。赵德钧也打算跟耶律德光合作，想让耶律德光立他

136

为帝。要不是有桑维翰帮我说服了耶律德光，遗臭万年的估计就是赵德钧了。

秦始皇嬴政

那没办法，你让大家记住的就只有割让燕云十六州这件事了。不管你过程怎么样，称帝后做得怎么样，现实就是这么残酷。

后晋高祖石敬瑭

（尴尬地笑笑）

后晋高祖石敬瑭

局势所迫，我没有想过对后世会有怎样的影响。我只想着当下，只能说为了活着，为了生存。

辽太宗耶律德光

等等等！是我进群欸！现在应该是属于我的专场了吧？

秦始皇嬴政

请开始你的表演。

辽太祖耶律阿保机

首先，我这个辽太祖是什么意思？

辽太宗耶律德光

公元947年，我把石敬瑭的后晋消灭了。后以中原皇帝的仪仗进入东京汴梁，顺便把国号改成了"辽"。

知识点

> 群聊机器人

> 耶律德光采取"因俗而治"的统治方式，实行分治汉人和契丹人，南北两面官的两院制。南方由汉人管，北方由契丹人管。

后晋高祖石敬瑭
什么？我大晋没了？

汉高祖刘邦
你瞧瞧，我说的没错吧？

秦始皇嬴政
刘邦！牛！

> 群聊机器人

> 你的侄子，也就是你的养子石重贵登基后，不肯向契丹称臣，惹怒了耶律德光。

后晋高祖石敬瑭
石重贵？不应该是我的幼子石重睿继位吗？

> 群聊机器人

> 冯道与景延广擅立石重贵为帝。

后晋高祖石敬瑭
冯道居然敢篡改我的旨意。

辽太宗耶律德光
你的养子只想当孙子，但不称臣，你觉得这可能吗？

秦始皇嬴政
没了这燕云十六州,灭得就是快啊!

后晋高祖石敬瑭
不懂事!很不懂事!

辽太宗耶律德光
确实,他可不像你那么懂事,还给我加了一堆尊号。

辽太祖耶律阿保机
那你这不是刚灭完,怎么就进来了?

辽太宗耶律德光
我不知道汉人如此难以制服啊。刘知远称帝了,诸镇和后晋旧将多起兵响应,腹背受敌的我只能退回北方。

后晋高祖石敬瑭
刘知远都称帝了?

汉高祖刘邦
不然你以为我汉人只能乖乖地任你摆布?

群聊机器人

> 耶律德光还在路上总结了自己失败的三个原因:一是各地搜刮百姓钱财;二是让契丹士兵打草谷扰民;三是没有早点遣返节度使去治理各镇。

知识点

秦始皇嬴政
失败原因倒是总结得蛮到位的嘛,打草谷是什么意思?

139

> 群聊机器人
>
> 令契丹兵以牧马为名,四处抢掠,称为"打草谷"。

汉高祖刘邦
你就是欠揍!

辽太宗耶律德光
然后就在路上病逝了。

> 群聊机器人
>
> 说到这里,你知道你的尸体最后是怎么运回去的吗?

辽太宗耶律德光
我怎么会知道哦?

> 群聊机器人
>
> 你母亲述律太后一定要看到你的尸体,但是路途又很遥远,所以他们把你用盐腌制成腊肉干,运回大辽去了。

秦始皇嬴政
哇,听着都有点……

辽太宗耶律德光
我居然变成了"耙"?我接受不了。

> 群聊机器人
>
> 群里也就只有你有这样的遭遇了,哈哈哈!如果你入主中原后施行仁政,让百姓休养生息,或许你将真的成为历史上第一个统治中原的契丹皇帝。

辽太宗耶律德光

可惜了,可惜了!

华夏皇帝群(230)

系统提示:辽义宗耶律倍进入群聊

群聊机器人

耶律德光死后,耶律阮在南征诸将的拥立下即位。述律太后得知后非常生气,因为她想让耶律李胡即位,所以派遣耶律李胡攻打耶律阮,结果大败而归。述律太后亲自率军,双方在横河岸边对峙,幸亏耶律屋质劝和,最后达成了横渡之约。 ◀ 知识点

辽义宗耶律倍

我儿子这么猛啊,当初我却抛弃他,自己跑到了后唐去。

辽太宗耶律德光

哥哥!耶律阮自幼聪颖好学,深得我的喜爱!我待他就跟亲儿子一样。

群聊机器人

述律太后与耶律李胡被迫承认耶律阮的皇位,耶律阮追谥耶律倍为辽义宗。

辽太祖耶律阿保机

我们父子三人,终于再次团聚了。

秦始皇嬴政

啧啧啧，看看人家是怎么对待侄子的，再看看隋炀帝跟唐太宗。

隋炀帝杨广

唐太宗李世民

华夏皇帝群（231）

公元 948 年

系统提示：后汉高祖刘知远进入群聊

群聊机器人

> **知识点** 公元947年，刘知远进入开封并建都，改名为暠，改国号为汉，史称"后汉"。

汉高祖刘邦

后晋高祖石敬瑭

才称帝多久啊？这就进来了。

秦始皇嬴政

老刘啊,你家人真多啊!都过了一千年了,还有姓刘的称帝。

汉高祖刘邦

都这么久了,应该不是我的子孙了。

后汉高祖刘知远

我就是当初劝石敬瑭别当儿子,别割地的那位,结果他不听,我也没办法。

后晋高祖石敬瑭

假如听你的,耶律德光岂不是就帮赵德钧了?

辽太宗耶律德光

哟,这不是当初向我奉表投降的"儿子"吗?我赐你的木拐好不好用啊?

后汉高祖刘知远

都不知道扔哪里去了。当初就是过去探探军情,看到了你契丹内部混乱,占领中原肯定有心无力,哈哈哈!

汉高祖刘邦

你跟那个南汉的是什么关系啊?

后汉高祖刘知远

没有关系啊,我是沙陀族的。

汉高祖刘邦

哦,打扰了!

后唐庄宗李存勖
佩服！

唐太宗李世民
好家伙，沙陀唐跟沙陀汉。那个石敬瑭，你是哪个族的呢？

群聊机器人
对于他是什么民族的，史料出现了两个相互对立的说法：一说他是汉人；一说他是沙陀人。

汉高祖刘邦
看看，连史料都不知道怎么说他的民族了。

唐太宗李世民
那我就先给他归到沙陀吧，毕竟他割让了燕云十六州。

秦始皇嬴政
沙陀汉，沙陀晋，沙陀唐，齐了啊。

后梁太祖朱温
合着那会儿就只有我一个是汉人皇帝啊？

汉高祖刘邦
等一个沙陀秦。

秦始皇嬴政
[表情]

> 群聊机器人
>
> 而且在对后梁进行灭国之战时,大军中有后唐庄宗李存勖、后唐明宗李嗣源、后唐末帝李从珂、后晋高祖石敬瑭、后汉高祖刘知远这五位帝王,真离谱啊,哈哈哈!

知识点

后梁太祖朱温
> 好家伙,五个皇帝打我一个,不亏!

后汉高祖刘知远
> 你们怎么不夸夸我?我把耶律德光赶回契丹了。

汉高祖刘邦
> 哇哦!你好棒!

唐太宗李世民
> 老铁666(牛)。

秦始皇嬴政
> [点赞]

> 群聊机器人
>
> 刘知远是历史上最"短命"的开国皇帝,从称帝到驾崩,前后只有半年的时间。

知识点

后汉高祖刘知远
> 那还不是我长子刘承训的病逝,让我十分悲伤,加重了病情吗!

秦始皇嬴政

那你这意思是在怪你儿子咯?

后汉高祖刘知远

哪里哦!这难道没有表现出我十分疼爱儿子吗?

群聊机器人

是吗?那我就加油让你能尽快看到你的儿子。

后汉高祖刘知远

华夏皇帝群(232)

公元 951 年

系统提示:后汉隐帝刘承祐进入群聊

秦始皇嬴政

好家伙!说进就进。

后汉隐帝刘承祐

爹!郭威等人造反了啊!

后汉高祖刘知远

怎么会?杨邠、史弘肇、王章、苏逢吉和郭威,都是我精心挑选的啊!

后汉隐帝刘承祐

但是我觉得这五个人彻底把我这个皇帝架空了,我就是个傀儡,所以就打算把他们五个人都杀了。

秦始皇嬴政

这小伙子有想法。

后汉隐帝刘承祐

可惜我的计划被泄露了,郭威居然伪造诏书,以"清君侧"为名,起兵讨伐。我没打过他,但是把他的亲属全部除掉了。

汉高祖刘邦

挺狠的。

群聊机器人

其实刘承祐死得挺冤的。

后汉隐帝刘承祐

我不是被郭允明杀死的吗?

群聊机器人

郭允明以为后面是追兵,所以想要杀你当见面礼,结果后面不是追兵,而是你的亲兵来护驾,他搞错了,所以最后就自尽了。

后汉隐帝刘承祐

147

群聊机器人
然后，后汉也就灭亡了。

秦始皇嬴政
真倒霉！

汉高祖刘邦
这也太快了吧？

后汉高祖刘知远
心态崩了。

华夏皇帝群（233）

系统提示：辽世宗耶律阮进入群聊

辽义宗耶律倍
儿子！

辽太宗耶律德光
侄子，你怎么进来了？

辽世宗耶律阮
刘崇请求我出兵去攻打郭威，援助他一下。可谁能想到耶律察割等宗室趁机发动政变，把我给杀了。

辽太宗耶律德光
怎么会这样？

群聊机器人

主要是你大辽的首领们由于连年征战,民力耗损,不愿意南下,你还非让他们去!还有就是你们大辽的统治核心并未完全服从你,故贵族谋反不断!你也不想想!

辽世宗耶律阮

当初耶律屋质跟我说耶律察割表面一套,背后一套,偷偷谋划着篡夺皇位,我居然还不肯相信!因为耶律察割把他父亲都给出卖了,骗取了我的信任。

后汉高祖刘知远

等等!我弟弟刘崇?

辽世宗耶律阮

对,没错!就是他!

群聊机器人

后来,刘崇在太原称帝,仍以汉为国号,史称北汉。 ▶ 知识点

汉高祖刘邦

??

秦始皇嬴政

哈哈哈!老刘啊!你这大汉!西汉、东汉、前汉、南汉、后汉、北汉!"前后东西南北"都凑齐了啊!

汉高祖刘邦

好家伙!你这么一说还真是。

后汉高祖刘知远
666！

群聊机器人
刘崇想复兴后汉基业，又无力抗衡后周，只得依附辽国，向辽帝称侄，并施以重金贿赂，希望辽国能出兵援助。

后晋高祖石敬瑭
刘知远你看看！你弟弟都称"侄皇帝"了。

辽太宗耶律德光
毕竟我们大辽这条大腿粗得很。

秦始皇嬴政
后周？

群聊机器人

> 知识点

后来郭威正式称帝，国号大周，定都汴京，史称后周。

则天大圣皇帝武则天
好啊！这人学我用"周"为国号！

群聊机器人
你不是自称是周文王姬昌的后代吗，这个郭威自称是周朝虢叔的后裔，也就是周文王的弟弟。

秦始皇嬴政
到时候可以进来认弟弟了。

则天大圣皇帝武则天

（喵啊）

群聊机器人

还有还有，耶律阿保机！就是你的这个孙子，立了个汉人为皇后！而且姓甄哦，还比他大了十二岁。

魏武帝曹操
哇哦……

秦始皇嬴政
你又出来了？

辽太祖耶律阿保机
什么？这么不听话？

辽世宗耶律阮
我后面也立了萧撒葛只为皇后呢！

群聊机器人
还不是迫于压力。

秦始皇嬴政
双皇后这么舒服吗？

151

华夏皇帝群（234）

系统提示：闽末帝王延政进入群聊

群聊机器人

> **知识点** 闽国持续数年的内乱，给南唐提供了进攻的机会。公元945年，南唐中主李璟派大将查文徽进攻闽国。王延政势穷投降，立国三十六年的闽国灭亡！

闽太祖王审知
终于亡了……

秦始皇嬴政
第一次见到这么期待亡国的。

闽太祖王审知
闽国被他们这么糟蹋，迟早要亡，还不如早点！太让人上头了。

群聊机器人

第五章

群聊机器人

五代十国之后周霸业

后周世宗柴荣

华夏皇帝群（235）

公元 954 年

系统提示：后周太祖郭威进入群聊

后汉隐帝刘承祐
郭威！

后汉高祖刘知远
郭威，你为何不好好辅佐我儿子？

后周太祖郭威
有一说一，是他要害我！我只能被迫起兵造反了，刘承祐，你知道你为什么会失败吗？

后汉隐帝刘承祐
还不是因为有人泄密！

后周太祖郭威
你派郭崇威来行刺我，你好好看看他的名字！

秦始皇嬴政
郭崇威，郭威？崇拜？

后汉隐帝刘承祐
草率了！

后汉高祖刘知远
而且我听说你不是要让刘赟来当皇帝吗？怎么就自己当上皇帝了？

后周太祖郭威
这不是突报大辽南下，我率军北上抵御，结果在途经澶州时，发动兵变，因此我黄袍加身。

群聊机器人
郭威表面上万般拒绝，可是心里早就等着这一天了，在一番假意推辞后，他终于同意了，史称"澶州军变"。 ◀ 知识点

后汉高祖刘知远
想当就当，还在那儿装！

群聊机器人
郭威在位期间，崇尚节俭，虚心纳谏，改革弊政，促进了北方地区政治经济形势的好转。

秦始皇嬴政
看来，这个皇帝当得还算不错了。

后周太祖郭威
那可不是嘛！我最后传位给我的养子郭（柴）荣了，希望他能把燕云十六州给收回来！

辽太宗耶律德光
什么意思？我大辽是你想打就能打的？他有没有那个本事？

后周太祖郭威
你可别小看了他！

群聊机器人

要不是刘承祐把你儿子都杀了，你会不会传给他就难说咯。

后周太祖郭威

哈哈哈！确实。

华夏皇帝群（236）

系统提示：北汉世祖刘崇进入群聊

后周太祖郭威

啧啧啧，你怎么也进来了？

北汉世祖刘崇

郭威！你为何害我儿子？

后周太祖郭威

那没办法啊！我要当皇帝，他可是我的心头之患啊！

后汉高祖刘知远

刘崇！你怎么向大辽称侄了？

北汉世祖刘崇

为了击败这个后周，我也没办法啊，不然打不过啊！本来想趁郭威去世，联合辽国南攻后周，结果在高平之战还是被柴荣击败了。

知识点

后周太祖郭威
我果然没看走眼！

北汉世祖刘崇
逃回太原后，又被他围困在城中两个多月。我北汉至此元气大伤，再也无力南下了。

后汉高祖刘知远
辛苦你了！

汉高祖刘邦
请说准确，沙陀汉，谢谢！

秦始皇嬴政
你看你那小气劲儿！

汉高祖刘邦
[懒得理你]

华夏皇帝群（237）

公元 958 年
系统提示：南汉中宗刘晟进入群聊

> 群聊机器人
> 刘晟生性荒淫暴虐，得志之后，专门用威势刑法统治下

民，诛灭旧臣，以及自己的兄弟、侄子，将侄女收入后宫。

汉高祖刘邦
这个南汉怎么都是这种皇帝啊？

群聊机器人
这还不算什么！刘晟一共有十八个兄弟，他杀了十五个！

秦始皇嬴政
这么狠？

秦始皇嬴政
那还有三个呢？

群聊机器人
他大哥邕王刘耀枢、二哥康王刘龟图因病早逝，九弟万王刘洪操早在与交州吴氏的战争中战死了。

汉高祖刘邦
看看人家沙陀汉做得多好。

后汉高祖刘知远
喀喀……

汉高祖刘邦
夸你呢，夸你呢。

后汉高祖刘知远
那我谢谢你啊!

华夏皇帝群(238)

公元959年

系统提示:后周世宗柴荣进入群聊

群聊机器人
本姓柴,后曾改姓郭,后世史家称赞其"神武雄略,乃一代之英主也""五代第一明君"! 〔知识点〕

秦始皇嬴政
评价这么高吗?

汉高祖刘邦
看来是个狠角色。

唐太宗李世民
这么猛?真的假的啊?

后周世宗柴荣
为何只给了我不到六年的时间啊,我还没把幽州给打回来!我"十年开拓天下,十年养百姓,十年致太平"的壮志,实现不了了。

后周太祖郭威
发生什么事了?

知识点

后周世宗柴荣
我亲率诸军北伐辽国,仅花了四十二天就收复了三关三州,共十七县!本来想乘胜夺取幽州的,谁知道夜间突患疾病,只能返回了。

汉高祖刘邦
然后就死了,这个剧本我们熟的。

后周世宗柴荣
是啊,就很莫名其妙啊!

后周太祖郭威
这……难道这就是天意吗?

汉武帝刘彻
当年准备攻打匈奴的时候,霍去病也是突然因病去世,难受得很,不然早就把匈奴拿下了!

北周武帝宇文邕
我也是在亲征突厥的途中病倒,然后就死了。

后周世宗柴荣
燕云十六州,我肯定是能收复的!

辽太宗耶律德光
你在想什么呢?当我大辽没人?

后周世宗柴荣
你可拉倒吧,现在感觉没人打得过我,我对外南征北战,西败后蜀，收取秦、凤、成、阶四州；南摧南唐，尽得江北淮南十四州；北破辽国，连克三关三州。

群聊机器人

柴荣在位期间，对内整军练卒、裁汰冗弱、招抚流亡、减少赋税，修订礼乐、制度、刑法，使得后周政治清明、百姓富庶，中原地区的经济开始复苏。

知识点

秦始皇嬴政

看着这份履历，感觉你十分优秀啊！

群聊机器人

还有，我们的"三武一宗灭佛F4"终于集齐了！公元955年，后周世宗柴荣开始实施一系列排斥佛教的政策。

北魏太武帝拓跋焘

等了这么久，终于聚齐了！

北周武帝宇文邕

好家伙，才发现我们的国号都是"周"！难怪这么有默契。

唐武宗李炎

起飞！终于集齐四个人可以搓麻将了。

华夏皇帝群（239）

公元 961 年
系统提示：南唐元宗李璟进入群聊

后周世宗柴荣
哟，大唐国主，你来啦！

唐太宗李世民
请注意措辞！是南唐！南唐！南唐！

南唐烈祖李昪
国主？

> **知识点**

群聊机器人
公元958年，李璟下令去掉帝号，改称国主，史称南唐中主。

秦始皇嬴政
他不是灭了闽了吗？我还以为南唐也挺猛的。

后周世宗柴荣
谁让他的对手是我呢。

群聊机器人
李璟即位后开始大规模对外用兵，消灭楚、闽二国！他在位时，南唐疆土最大。不过李璟奢侈无度，导致政治腐败，国力下降，最后向后周割地称臣。

南唐烈祖李昪

已经看到灭国的结局了……

南唐元宗李璟

那个柴荣啊，你们大周冇得咯。

后周太祖郭威

后周世宗柴荣

怎么可能?

南唐元宗李璟

你们猜猜是怎么没的?

后周世宗柴荣

大辽来袭？不可能，没道理啊，即使我没了，还有赵匡胤在呢。

南唐元宗李璟

不不不。

后周世宗柴荣

除了大辽，还有谁能与我大周一战啊？

汉高祖刘邦

该不会有人篡位吧，哈哈哈！

后周世宗柴荣
谁会篡位啊?

秦始皇嬴政
根据我这么多年的经验来看,谁的兵多就是谁。

后周世宗柴荣
???

群聊机器人

> **知识点** 公元960年,传闻大辽联合北汉南下进攻后周,宰相范质等未辨真伪,急遣赵匡胤统率诸军北上御敌。行至陈桥驿,众将将黄袍披在赵匡胤身上,拥立他为皇帝。

秦始皇嬴政
这个剧情……好像在哪里看过啊。

后周太祖郭威
这是在向我学习?

后汉高祖刘知远
妙啊

后汉高祖刘知远
郭威啊!天道好轮回啊,哈哈哈!

> 群聊机器人
>
> 随后,赵匡胤率军回师开封。京城守将石守信、王审琦开城迎接赵匡胤入城,胁迫柴宗训禅位。赵匡胤即位后,改国号为"宋",至此五代时期结束了。 ◀ 知识点

> 群聊机器人
>
> "朱李石刘郭,梁唐晋汉周,都来十五帝,播乱五十秋。"

秦始皇嬴政

你都没有解释过"五代十国"是什么意思?

> 群聊机器人
>
> 五代是指公元907年唐朝灭亡后,依次定都于中原地区的五个政权,即后梁、后唐、后晋、后汉和后周,十国还没结束,后面再讲。公元960年,后周发动陈桥兵变,赵匡胤黄袍加身,篡后周政权建立北宋,五代结束。 ◀ 知识点

后周世宗柴荣

赵匡胤!

宋武帝刘裕

宋?终于有人用我大宋的国号了。

北周武帝宇文邕

好兄弟呀!咱俩的剧本怎么一模一样啊。国号都是周,还都是英年早逝,最后都被手下偷家了。

隋文帝杨坚
亲家,咱俩谁跟谁啊……

后周世宗柴荣
我们可别一样啊,你的宇文氏几乎都被灭绝了。

秦始皇嬴政
精彩!

华夏皇帝群

群聊机器人
第六章

群聊机器人
北宋开国

宋太祖赵匡胤

华夏皇帝群（240）

公元 965 年
系统提示：后蜀末代皇帝孟昶进入群聊

后蜀末代皇帝孟昶
> 哎呀，柴荣，没想到你的大周居然被赵匡胤夺走啦！

后周世宗柴荣
> 我已经知道了，你没必要再说一次。看你这样子，怕不是也被他打败了。

后蜀末代皇帝孟昶
> 我去年就投降了，安安稳稳地过了一年。

群聊机器人
> 【知识点】孟昶在位期间，组织百姓发展农桑纺织事业，刻石经，兴学校，使蜀地成为五代时期经济文化较发达的地区。但是在他统治后期，孟昶生活逐渐奢侈，也不能力纠弊端，整顿官场歪风，致使后蜀政治逐渐腐败。

后蜀末代皇帝孟昶
> 好歹我投降后，在被押送去汴梁的途中，百姓都冒着生命危险为我送行呢。

群聊机器人
> 我们现在通常认为春联始于五代，因为有记载的、最早的春联大概就是孟昶于公元 964 年写的。

后蜀末代皇帝孟昶
看看！

后蜀末代皇帝孟昶
[骄傲]

汉高祖刘邦
好家伙，二世而亡？

秦始皇嬴政
老弟，你不对劲。

华夏皇帝群（241）

公元 968 年
系统提示：北汉睿宗刘钧进入群聊

北汉睿宗刘钧
柴荣啊！你家被偷了！

后周世宗柴荣
我知道！你们是不是串通好了故意来气我的？

北汉睿宗刘钧
我这不是看你去世得早，怕你不知道嘛。

后周世宗柴荣
我谢谢你啊！

群聊机器人

> 刘钧称帝后，继续依附于辽国，勤政爱民，礼敬士大夫，任用郭无为为相，并减少南下，因此境内还算安定。但是他上表于辽帝时都自称"男"，辽帝下诏时，都称呼他为"儿皇帝"。

知识点

后晋高祖石敬瑭
啧啧啧！

秦始皇嬴政
第二个"儿皇帝"？

汉高祖刘邦
好家伙，从"侄皇帝"变成了"儿皇帝"了。

后晋高祖石敬瑭
刘知远啊！就这？

后晋高祖石敬瑭
我想问，你弟弟自称"侄皇帝"，你侄子称"儿皇帝"，那你要叫大辽什么？

后汉高祖刘知远
脑壳疼，志气呢？志气呢？

北汉睿宗刘钧
有一说一，我可并不像我老爹对辽那样恭敬哦。

群聊机器人
所以导致刘钧在位后期，辽对北汉的援助渐少。

群聊机器人
讲个故事吧，北宋有一员悍将叫荆罕儒，非常勇猛，在和北汉交战时被杀了。刘钧素来看重荆罕儒，居然把杀掉荆罕儒的士兵抓起来处死了。

秦始皇嬴政
有点搞笑，战场上斩杀敌将回来居然还要偿命。

华夏皇帝群（242）

系统提示：北汉少主刘继恩进入群聊

群聊机器人
刘继恩原姓薛，父亲薛钊因不受岳父刘崇所用，又与妻子刘氏聚少离多，有一天薛钊喝醉了酒，将刘崇的女儿刘氏刺伤，畏罪自尽。刘继恩年纪尚小，而其舅父刘钧又无子，因此刘崇就将刘继恩过继给了刘钧。

北汉睿宗刘钧
怎么回事？

171

北汉少主刘继恩

权臣郭无为独揽朝政,我本来想宴请群臣,意图诛杀郭无为,反被郭无为派人杀死了。

秦始皇嬴政

能被权臣杀死,看来你的确不太行啊!

汉高祖刘邦

弄个毒酒不行吗?

秦始皇嬴政

学学荆轲,靠得近一点成功率比较高啊!

汉高祖刘邦

可是荆轲不是也失败了。

秦始皇嬴政

那是遇到的人是我,没办法,我就不信其他人还能跑得掉。

汉高祖刘邦

确实。

华夏皇帝群（243）

公元 969 年
系统提示：辽穆宗耶律璟进入群聊

辽太宗耶律德光
我的儿子来了！

辽穆宗耶律璟
柴荣啊，赵匡胤他这操作太精彩了！

后周世宗柴荣
打住打住！我知道我家被偷了，我大周没了！

辽穆宗耶律璟
可以啊，消息挺灵通啊！

群聊机器人
> 耶律璟的介绍很简单，除了打猎、喝酒、酣睡，最大的"爱好"便是杀人。他杀害的大多数人是那些蓄养兽禽的下人，还有自己的侍从。

秦始皇嬴政
好家伙，那不得每天提心吊胆的。

辽穆宗耶律璟
主要是女巫肖古说取男人的胆汁可以炼制延年益寿的仙药。

秦始皇嬴政
有用吗？

辽穆宗耶律璟
没用，所以后来我把她也给杀了。

群聊机器人
还有还有！辽穆宗在继位之初平定叛乱、稳定政权之后，觉得帝位已无后顾之忧，于是更加放纵，晚上饮酒作乐，直到第二天早晨，然后白天就昏昏大睡，政事便放在了脑后，因此得了个"睡王"的称号。

知识点

汉高祖刘邦
睡王可还行。

秦始皇嬴政
懂了！喝酒喝死的。

群聊机器人
不是哦，他是被近侍小哥、盥人花哥，还有厨子给联手杀死了。

秦始皇嬴政
这可能就是报应吧！

辽太宗耶律德光
我终于知道为什么那个柴荣能连收三关三州了。

后周世宗柴荣

他比我晚了十年进群,赵匡胤在干吗呢?十年还拿不下燕云十六州吗?

群聊机器人

他消灭了南方的割据政权,打算先南后北。

后周世宗柴荣

那行吧,但是现在耶律璟进来了,就不知道下一个皇帝怎么样了。

辽太宗耶律德光

所以,丢掉的失地拿回来了没有?

辽穆宗耶律璟

没有啊,这些地方本来就是汉人之地,他们拿回去也没什么可惜的。

后周世宗柴荣

你看看,多好的"兄弟"啊!你去世真的是可惜了。

辽穆宗耶律璟

还不是因为前期皇位坐得不稳当,众兄弟都在争夺,都不想搭理你!

群聊机器人

所以说,在皇位继承方面,嫡长子继承制并没有得到很好的贯彻和执行。

秦始皇嬴政

懂的懂的，竞争上岗嘛。

唐太宗李世民

你比刘邦还不对劲。

唐太宗李世民

华夏皇帝群（244）

公元 973 年

系统提示：后周恭帝柴宗训进入群聊

后周世宗柴荣

儿啊……算了算，你应该才二十岁啊！怎么就进来了？

后周恭帝柴宗训

这个问题问得好，我也是糊里糊涂就没了。

群聊机器人

史书中也没有记载。

后周世宗柴荣

赵匡胤害的？

后周恭帝柴宗训
没有没有,他对我们柴氏挺好的。

群聊机器人
赵匡胤还在一块石碑上留下了三条遗训,其中第一条便规定:柴氏子孙有罪不得加刑,纵犯谋逆大罪,止于狱中赐自尽,不得市曹行戮,亦不得连坐支属。 ◀ 知识点

华夏皇帝群(245)

公元 974 年

系统提示:后晋出帝石重贵进入群聊

后晋高祖石敬瑭
儿啊,你可真能活啊!

辽太宗耶律德光
哟!"孙子"进来啦,在我大辽生活得还好吗?

后晋出帝石重贵
真恶心人,把我的女儿跟妃子都抢走了!

辽太宗耶律德光
谁让你当初不乖乖听话?

后晋出帝石重贵
别忘了,当初你被我打得都退兵了!

> 群聊机器人
>
> 有一说一,你指挥无能、用人不当、号令不灵,是靠着中原军民的英勇战斗才打赢的。一回去就以为从此天下太平了,又过起了醉生梦死的生活。

后晋高祖石敬瑭
[嫌弃]

汉高祖刘邦
总感觉下一个进来的不一般。

秦始皇嬴政
你又知道了?

华夏皇帝群(246)

公元976年

系统提示:宋太祖赵匡胤进入群聊

后周太祖郭威
你可算是进来了!

后周世宗柴荣
父皇怎么说?抽他?

后周太祖郭威
我觉得可以!

宋太祖赵匡胤

咦，我睡了一觉怎么就跑这边来了？皇……皇上……

后周世宗柴荣

你可了不得啊，自己也当皇帝啦！

宋太祖赵匡胤

哪里哪里，这多亏了太祖教得好啊。

后周太祖郭威

你这可是青出于蓝而胜于蓝啊！

秦始皇嬴政

之前刘邦说下一个进来的很不一般，请问你不一般在哪里？

宋太祖赵匡胤

我比较黑算吗？

秦始皇嬴政

群聊机器人

赵匡胤在位期间，依据宰相赵普"先南后北，先易后难"的策略，先后灭亡荆南、武平、后蜀、南汉及南唐等南方割据政权，完成了全国大部的统一。

知识点

后周世宗柴荣

这不是我后周大臣王朴先提出来的吗？好啊，你这个也学！

宋太祖赵匡胤

我吸取了以往的经验教训，在进攻的目标、顺序上作了重大调整和修正。

群聊机器人

> **知识点**
>
> 他两次"杯酒释兵权"，罢去禁军将领及地方藩镇的兵权，解决了自唐朝中叶以来地方节度使拥兵自重的局面。

唐太宗李世民

好家伙，是不是也害怕有人来学习你的"黄袍加身"啊？哈哈哈！

宋太祖赵匡胤

嘘！嘘！嘘！

汉武帝刘彻

不对啊，我曾祖父呢？人都进来了，他怎么不出来讲话？

秦始皇嬴政

喀喀，他估计这段时间都不会出来了吧。

汉武帝刘彻

秦始皇嬴政
谁让他上一次强行预言，我没忍住就……

唐太宗李世民
你该不会是把他捆起来了吧？

秦始皇嬴政
你在想什么呢？我把他带到我的皇陵里了，现在估计在里面玩大冒险呢。

唐太宗李世民
刘邦不在，我们麻将三缺一啊！

秦始皇嬴政
这不是进来新人了吗？你能不能懂点事，带一带新人。

唐太宗李世民
清楚，明白。

宋太祖赵匡胤
总感觉你们是想赢我的钱。

群聊机器人
好家伙，秦皇汉武、唐宗宋祖世纪同框，还一起搓麻将！

秦始皇嬴政
你在激动什么呢？

群聊机器人

> 你不会懂的，不只我激动，读者们也肯定很激动啊！

后周世宗柴荣
所以，燕云十六州你怎么还没收回来？

宋太祖赵匡胤
我认为以宋目前的实力，无法在军事上与契丹争锋。我想了个办法，想以和平赎买的方式收复燕云十六州。

后周世宗柴荣
（疑惑）

知识点

宋太祖赵匡胤
我削平南方诸国后，设置了"封桩库"，将各国财富收归其中，并将每年财政收支的盈余部分存入。我计划存够一定数额后，遣使向辽赎回"山后诸郡"（燕云之地）。如辽方不同意，则将钱财用于招募战士，以武力收复。

秦始皇嬴政
你的这个想法还挺灵活啊。

汉武帝刘彻
所以……存够了吗？

宋太祖赵匡胤
这不是计划还没开始付诸实施，我就进来了吗？

唐太宗李世民
所以你是怎么没的?

宋太祖赵匡胤
对啊,我是怎么没的?

秦始皇嬴政
群聊机器人呢,群聊机器人呢?

群聊机器人
他这个有太多说法了,容我捋一捋再回答。

秦始皇嬴政
[嫌弃]

华夏皇帝群(246)

公元978年

群聊机器人
公元978年,南唐后主李煜死了。

宋太祖赵匡胤
他怎么死了?

群聊机器人
他写了一首绝命之词《虞美人》,追思往事、怀念故国,

知识点

并命南唐故妓咏唱。据《默记》记载，你的弟弟赵光义听到后很愤怒，就用牵机药把他毒害了。

宋太祖赵匡胤
很像弟弟的作风啊。

南唐元宗李璟
怎么没有把我儿子拉进来？

群聊机器人
你自己没点数吗？你自己都削去帝号，改称国主了。

南唐元宗李璟
可是我都进来了。

群聊机器人
那还不是因为你曾称过帝，然后北宋特许给你上了皇帝的谥号。而且李煜继位后，尊宋为正统，上岁贡以保平安。他又看到赵匡胤灭了南汉，就把国号"唐"都给去掉了。

唐太宗李世民
这就怂了吗？

宋太祖赵匡胤
他表面很怂！进奉大批钱物，求我不要攻打他，但是暗中缮甲募兵，潜为备战。可是"卧榻之侧，岂容他人鼾睡"，打是肯定要打的。其实我灭南唐只是时间问题，李煜继位后也只能采取消极守业的政策。也不能说李煜治理国家不行，假如他真是无能无识之辈，怎么能守国十余年?

群聊机器人

而且李煜精书法、工绘画、通音律,诗文均有一定的造诣,尤以词的成就最高。他自幼受皇宫亲眷、宫人的爱宠,因而尚奢侈、好声色。虽后宫嫔妃甚多,却对两位皇后用情极深。

知识点

秦始皇嬴政

好家伙,又是两位皇后。

宋太祖赵匡胤

主要是因为他原来的皇后去世了,而且新立的皇后还是上一个皇后的妹妹哦。

秦始皇嬴政

大瓜?

群聊机器人

对的!分别称为大周后和小周后。有这么个记载,说大周后的病情恶化与其妹(小周后)的宫闱秘事有关。大周后生病后,小周后以探病之名常入宫中。李煜爱慕她的美貌,就暗中纳为姬妾。大周后发现后,非常愤恨,面壁而卧,到死都没回头看小周后一眼。

秦始皇嬴政

啧啧啧,这是真的假的?

群聊机器人

有人还进一步考证,认为李煜在《菩萨蛮·花明月暗笼

185

轻雾》中写的"划袜步香阶,手提金绣鞋"即为描绘他与小周后的幽会之作。

南唐元宗李璟
好家伙,这小子生活这么滋润啊?

南唐元宗李璟
那岂不是见不到我儿子了?

群聊机器人
没事,我推给你。

秦始皇嬴政
那我也来加他,好好探讨一下文学。

唐太宗李世民
文学?我信你个鬼哦!

宋太祖赵匡胤
等等,不是说好要讲讲我是怎么死的吗?今天不应该是赵匡胤2.0吗?怎么都在聊李煜!

群聊机器人
你这个需要等一个关键人物进群。别急别急!

宋太祖赵匡胤
我反手就是一组"太祖长拳"加上一整套"太祖盘龙棍"。

群聊机器人
嗯?

186

宋太祖赵匡胤
表演给你看而已啦！有助于强身健体哦。

华夏皇帝群（246）

公元979年

群聊机器人
北宋相继扫荡群雄，最后攻灭北汉，今年基本统一全国，十国结束。

知识点

秦始皇嬴政
我算了算，这也没有十国啊？

群聊机器人
前蜀、后蜀、南吴（杨吴）、南唐、吴越、闽国、南楚（马楚）、南汉、南平（荆南）、北汉十个割据政权，被后世史学家统称十国。因为其中有些没有称帝，所以就没有拉进来。

宋太祖赵匡胤
接下来就是燕云十六州了！

群聊机器人
其实后世史学家认为你应该"先北后南，先难后易"，先灭掉北汉，收复燕云十六州才对。

宋太祖赵匡胤
这是什么说法?

群聊机器人
你想想,当初大辽在位的是谁?

宋太祖赵匡胤
耶律璟啊。

群聊机器人
对啊!你也不看看他一个"睡王",不修国政,再看看南方那些割据政权都是非常腐败的,其实完全没有必要先打南方。

宋太祖赵匡胤
我这不是为了保险起见吗?打南方稳赢啊!

后周世宗柴荣
你也不想想,你当初继承的是谁的军队?我大周军队会怕大辽吗?

耶律璟
说我不行?哼哼!我就在这边看你们马后炮。

秦始皇嬴政
确实,现在说这些也来不及了。

宋太祖赵匡胤
等等,我才发现!为什么我大宋会被叫成北宋?

群聊机器人

> 这不是为了跟刘裕的刘宋区分一下嘛。

宋太祖赵匡胤

专业。

秦始皇嬴政

北宋……懂的，懂的。还好我把刘邦关起来了，不然他肯定又要预言一下了。

宋太祖赵匡胤

华夏皇帝群（247）

公元 980 年

系统提示：南汉后主刘𬬮进入群聊

群聊机器人

> 刘𬬮在位期间，荒淫无度，统治昏庸，国力大衰，朝政糜烂不堪。

宋太祖赵匡胤

他这个人有点意思，在南汉，"要想做官，请先自宫"。

群聊机器人

> 刘𬬮认为群臣都有家室，会为了顾及子孙不肯尽忠，因此只信任宦官，以致宦官一度高达两万之多。他还将政事交给女巫樊胡子，连宦官龚澄枢和女侍中卢琼仙都依附她，政事紊乱。

宋太祖赵匡胤
> 当初请他喝酒，居然还以为我下毒了，真是无语。

南汉后主刘𬬮
> 这不是因为我经常让我的大臣喝毒酒吗？所以才害怕。这边感谢 @ 宋太祖赵匡胤 不仅赦免了我的罪，还让我当大将军！

南汉后主刘𬬮
> [嘚瑟嘚瑟]

华夏皇帝群

群聊机器人
第七章

群聊机器人
北宋、辽与西夏

宋太宗赵光义

华夏皇帝群（248）

公元982年

系统提示：辽景宗耶律贤进入群聊

宋太祖赵匡胤
哟！辽那边来人了。

辽世宗耶律阮
居然是我儿子！

群聊机器人

> 知识点：耶律贤在位期间厉行改革，拨乱反正，网罗人才，安抚皇室，关心朝政，孜孜求治。确定嫡长子继承制，避免了皇位纷争。

秦始皇嬴政
哎哟！这个皇帝比耶律璟好太多了吧。

辽景宗耶律贤
> 知识点：这个赵光义灭了北汉后，不纳群臣之谏，不顾宋军久战疲惫的客观现实，率军自太原北伐，欲收复燕云之地。我直接派精骑增援反击，你们宋军三面受敌，顿时大乱，全线溃退，哈哈哈！

宋太祖赵匡胤
这个臭弟弟！

辽景宗耶律贤
我听说他好像在高梁河畔中箭受伤，乘着驴车仓皇撤离。

后周世宗柴荣

嫌弃

群聊机器人

但是你反攻北宋,在雁门之战和满城之战中却被打败了,哈哈哈!

辽景宗耶律贤

问题不大!我在后来发动的瓦桥关之战大败宋军,报仇了,哈哈哈!只可惜我本身就体弱多病,现在英年早逝,我儿子只有十岁啊!希望皇后萧绰能好好抚养他。

宋太祖赵匡胤

哈哈哈!那机会来了!

则天大圣皇帝武则天

你可别看不起我们女人!

魏武帝曹操

就是就是。

华夏皇帝群(249)

公元 992 年

系统提示:北汉末代皇帝刘继元进入群聊

北汉末代皇帝刘继元

赵匡胤,你弟弟赵光义居然打不过孤儿寡母!

193

宋太祖赵匡胤
什么意思？

北汉末代皇帝刘继元
数年前他再度北伐，结果又被打回来了。

群聊机器人
公元986年，赵光义派遣二十万大军分兵三路伐辽，史称"雍熙北伐"。最初，三路大军进军顺利，收复了不少失地。但由于东路主力大败，赵光义合围幽州的战略意图再难实现，辽朝方面开始反扑。最终宋三路大军皆败，所取州县复失。

> 知识点

辽景宗耶律贤
哈哈哈，我的皇后果然没让我失望啊！

宋太祖赵匡胤
连个小朋友都打不过吗？

辽景宗耶律贤
我大辽硬实力还是在的。

北汉末代皇帝刘继元
你当初怎么会想着让你的弟弟当皇帝啊？为什么不给自己儿子当？我看你儿子，年龄也不小了啊。

宋太祖赵匡胤
还不是我母亲说什么"你能当上皇帝，就是因为柴荣的儿子太小呀，如果后周有成年的皇上，这个天下能是你的吗"？因此我母亲令我死后把皇位传给我弟弟，这样才能江山永固，还让我立下誓书放在金匮中。

北汉末代皇帝刘继元
还真有这事啊！我还以为是赵光义自己编的呢。那你知道你的儿子赵德昭、赵德芳，还有你弟弟赵廷美都已经死了吗？

宋太祖赵匡胤
什么？

群聊机器人
关于金匮之盟，其实很有争议。后世学者普遍认为金匮之盟存在的可能性很大，但对金匮之盟的具体内容有较大争议，多数学者支持三传论。三传论就是宋太祖—>弟赵光义—>弟赵廷美—>子赵德昭。 【知识点】

华夏皇帝群（250）

公元997年
系统提示：宋太宗赵光义进入群聊

群聊机器人
宋太宗本名赵匡义，后因避其兄宋太祖名讳而改名赵光义，继位后又改名赵炅。 【知识点】

辽景宗耶律贤
哟！高梁河车神进来啦！

195

秦始皇嬴政
高梁河车神?

辽景宗耶律贤
我给他取的外号。

宋太宗赵光义
耶律贤!

宋太祖赵匡胤
臭弟弟!你先别找他,我先找你。

宋太宗赵光义
哥哥!我把南方收复了,也把北汉政权灭了,结束了南北政权分裂割据的局面。

群聊机器人
但是两次攻辽,企图收复燕云十六州都遭到失败,从此对辽采取守势。

宋太宗赵光义
我还鼓励垦荒,发展农业生产,扩大科举取士规模,编纂大型类书,设考课院、审官院,加强对官员的考察与选拔,进一步限制节度使的权力呢。

知识点

宋太祖赵匡胤
我只想知道德昭、德芳,还有廷美他们是怎么死的?

宋太宗赵光义

皇兄你听我解释，我只是训斥了一下德昭，可谁能想到他回去就自尽了……然后德芳是病逝的啊！廷美是因为图谋不轨被我贬了，在家病逝的。

宋太祖赵匡胤

这么说，跟你都没啥关系了？

宋太宗赵光义

那肯定是没关系啊！

群聊机器人

有没有关系，就看读者们自己的想法啦！

宋太祖赵匡胤

那我到底是怎么死的？

宋太宗赵光义

这……

群聊机器人

关于你死亡的说法争论太多啦，还有"烛影斧声"这种让人烧脑的说法。有的说你是被赵光义谋害篡位的，也有的说你是因疾病突然去世的，还有的说你是立下了"金匮之盟"，所以当时只是你向赵光义嘱咐后事，并不是赵光义行篡逆之事。

秦始皇嬴政

难怪你之前不说，没想到争议这么大啊！

群聊机器人

还不止这些呢！有记载说赵匡胤去世前见过赵光义，又有记载说赵匡胤驾崩的时候，赵光义是在自己家中。所以我也想问问你们，你们最后见过面吗？赵匡胤到底是怎么死的？"烛影斧声"是真的吗？"金匮之盟"是真的吗？

宋太宗赵光义

我知道！但是我不说，哈哈哈！

秦始皇嬴政

你要是说出来，这世界还不闹翻天，哈哈哈！

宋太祖赵匡胤

所以，我还是不知道我是怎么死的……

魏武帝曹操

好气哦！之前偷偷加了李煜，本来是想问问大小周后的联系方式，结果他把我给拉黑了！

秦始皇嬴政

我就在纳闷那天你居然一点反应都没有，原来是已经行动了啊！

宋太宗赵光义

小周后我熟呀！

群聊机器人

有野史认为，赵光义曾强幸小周后，小周后回去后大骂

> 李煜,此说在民间流传甚广。

魏武帝曹操
> 臭不要脸!

群聊机器人
> 后人还据此创作了一幅画哦,太离谱了。

宋太宗赵光义
> 谁写的?纯属诽谤!大家好好看看,野史啊,野史啊,不可信!

群聊机器人
> 确实正史并无明确记载。

宋太祖赵匡胤
> 这不重要,我就想问问我的2.0呢?难道我的介绍就这么一点吗?

秦始皇嬴政
> 你还有什么呢?

宋太祖赵匡胤
> 我吸取了唐、五代时的科场积弊,在科举考试中采取了一系列防微杜渐的措施,简单来说就是防作弊!对当朝大臣权贵的子弟,往往还要多复试一次。

知识点

唐太宗李世民
> 这个主意不错啊!当初我怎么没想到呢。

199

宋太祖赵匡胤

我还制定了"收其精兵，削夺其权，制其钱谷"的三大纲领，以及通过"杯酒释兵权"、削弱相权、"罢黜支郡"、"强干弱支"、"内外相维"、"三年一易"、设置通判、创差遣制度等措施加强中央集权。我还澄清吏治，劝奖农桑，促进了社会经济的发展呢！

群聊机器人

> **知识点** 这些举措不仅医治了五代以来的战争创伤，还使国家呈现出相对稳定繁荣的局面，出现了历史上享有盛名的"建隆之治"。

宋太祖赵匡胤

这些知识点，还要我自己来说吗？

群聊机器人

哈哈哈，主要是你的军事方面的成就和一些谜团比较引人注目。

宋太祖赵匡胤

而且我重视文化建设。建国之初，我收集各国遗留图书，用以充实官府藏书。我命窦仪主持修订《刑统》三十卷，编敕四卷，下诏"付大理寺刻板摹印，颁行天下"。

群聊机器人

> **知识点** 《宋刑统》是中国历史上第一部刻板印行的法典。

秦始皇嬴政

赵匡胤啊！我看你头像那个帽子上那根长长的棍子是

什么?

宋太祖赵匡胤

那不是棍子,我叫它长翅,目的是为了防止官员交头接耳。有一次上早朝,在听取某个大臣奏事时,发现两侧有不少官员在窃窃私语,很不礼貌。看得我很不爽!就让人在幞头纱帽的后面分别加上长翅,长翅用铁片、竹篾做骨架。

群聊机器人

以后这个长翅就越来越长,哈哈哈!

宋太祖赵匡胤

这种帽子除了在朝堂和官场正式活动时戴,一般场合并不戴。

秦始皇嬴政

小伙子脑子蛮灵光的嘛。

宋太祖赵匡胤

那可不!

宋太祖赵匡胤

[骄傲]

201

华夏皇帝群（251）

公元 1022 年

系统提示：宋真宗赵恒进入群聊

> **群聊机器人**
>
> 宋真宗初名赵德昌，后改名赵元休、赵元侃，被立为太子后改名赵恒。名言"书中自有黄金屋，书中自有颜如玉"，即出自他所撰的《励学篇》。

知识点

宋太祖赵匡胤
哟！这不是我们的宝贝"元帅"昌儿吗？不对，现在要叫恒儿了，哈哈哈！

宋真宗赵恒
伯父！

宋太祖赵匡胤
咦，我记得你排行老三啊，怎么会是你当皇帝？

宋真宗赵恒
大哥赵元佐受到了强烈刺激，精神失常，纵火焚烧东宫，从此被废为庶人。

宋太祖赵匡胤
受了什么刺激？

宋真宗赵恒
有可能是因为赵廷美叔叔的去世吧。

202

宋真宗赵恒

二哥赵元僖也不知道为何突然暴毙了，所以就轮到我当皇帝了。

群聊机器人

宋真宗统治时期，勤于政事，任用李沆、曹彬、吕蒙正等人处理政事，政绩有声有色，减免了五代十国以来的税赋。 ◀ 知识点

群聊机器人

宋真宗还让人从福建引入占城稻并加以推广，使得农作物产量倍增，手工业、商业蓬勃发展，贸易盛况空前，使北宋进入经济繁荣期，史称"咸平之治"。

宋太祖赵匡胤

不错嘛不错嘛，那有没有出兵去收复燕云十六州啊？

宋真宗赵恒

没有，我跟大辽签订了和约，约为兄弟之国。

辽太宗耶律德光

就这？就这？哈哈哈！

宋真宗赵恒

你可别笑了，你们大辽来攻打大宋，我亲自到澶州前线鼓舞将士们！你大辽的统军使萧挞凛还被我们射杀了。

宋太祖赵匡胤

那为何会议和？

203

宋真宗赵恒

我惧于辽的声势,并虑及双方交战已久、互有胜负,加上大辽那边请求议和,肯定就去谈谈了呀!

群聊机器人

最后就是耶律隆绪拜赵恒为兄,赵恒拜萧太后为叔母,以白沟河为国界,双方撤兵。辽归还宋遂城(今河北徐水)及瀛、莫二州。

宋真宗赵恒

以及每年给辽岁币银十万两,绢二十万匹,才这么点就换来了和平,太值了。

宋太祖赵匡胤

你在说什么呢?明明是我们有优势,为何不乘胜追击?反而议和谈判?

宋真宗赵恒

打仗耗费的人力物力更多啊!

群聊机器人

@宋太祖赵匡胤 赵恒跟你不同,他性格较为懦弱,缺乏开拓创新的决心和勇气。而且宋辽双方于边境设置了榷场,开展互市贸易。在互市贸易中,北宋所赚的钱远远多于岁币。

知识点

宋真宗赵恒

您瞧瞧,我们还有得赚!

> 群聊机器人
>
> 但是赵恒在位后期，任用王钦若、丁谓为相。二人常以天书、符瑞之说蛊惑朝野。而且赵恒沉溺于封禅之事，广建宫观，劳民伤财，把积蓄挥霍殆尽。为了封禅泰山，他还不惜贿赂反对封禅的大臣。

秦始皇嬴政
你去泰山封禅？

汉武帝刘彻
你凭什么能这么臭不要脸？

汉光武帝刘秀
+1

唐高宗李治
+1

唐玄宗李隆基
+1

宋真宗赵恒
我乐意！

> 群聊机器人
>
> 宋真宗崩逝的消息传到大辽后，耶律隆绪"集蕃汉大臣举哀，后妃以下皆为沾涕"。

205

宋真宗赵恒

看看,这就是我的"好兄弟"啊!

秦始皇嬴政

虽然和平是好的,但是这样能维持多久呢?

华夏皇帝群(252)

公元 1031 年

系统提示:辽圣宗耶律隆绪进入群聊

辽景宗耶律贤

儿子,你居然能想出签和约这个点子!可以啊。

辽圣宗耶律隆绪

那不是我想的,是母后想的。

辽景宗耶律贤

萧皇后?

辽圣宗耶律隆绪

对,我那会儿还没亲政呢。

群聊机器人

有一说一,要不是宰相寇准反对迁都,并叫赵恒御驾亲征,估计你们都打进来了。

宋真宗赵恒
干什么干什么？说出来干什么？

宋太宗赵光义
不是我儿子自己要去的吗？

群聊机器人
你想多了，哈哈哈！

宋太祖赵匡胤
你这小子，还学会说一半藏一半了！

宋太宗赵光义
[朕绝你打圣]

辽圣宗耶律隆绪
主要是还有王超在定州拥兵十万，却按兵不动，不知道他想要干吗！

辽景宗耶律贤
还好我娶了个好皇后啊！

宋太宗赵光义
就是这个女人抵御了我的两次北伐。突然想起了杨业将军！他被俘后绝食，活活把自己饿死了。

群聊机器人
萧绰临朝摄政了二十七年，于公元1009年归政于辽圣

知识点

宗，同年承天皇太后萧绰病逝。对于萧绰，后人赞她英明干练，治国有术；特别是她"亲御戎车，指挥三军"的气魄，是许多男人都不如的。

秦始皇嬴政
多好多优秀的母后啊！

秦始皇嬴政
好羡慕

群聊机器人

但也因为她的铁血手腕，以及在政治上的某些手段，让她的评价出现了两极化特征。

唐太宗李世民
这位女性这么猛居然没有称帝，是我没想到的。

秦始皇嬴政
哟！李世民，你也开始阴阳怪气了啊！

唐太宗李世民
还不是你跟刘邦教的！话说我邦哥什么时候才能跑出来啊？

汉高祖刘邦
跑出来能干吗？

唐太宗李世民

汉高祖刘邦（秦始皇）
哈哈哈！刘邦他的号被我偷了，没想到吧？

唐太宗李世民
秦始皇，真有你的。

秦始皇嬴政
群聊机器人你别停啊，接着介绍啊。

群聊机器人

辽圣宗继位后，把国号又改回了契丹。他在位期间，对内实行改革，大力整顿吏治，任贤去邪，仿唐制开科取士，加强汉人在统治集团中的成分和作用，使契丹达到鼎盛。对外实行联合党项抗击宋朝之策，向四邻扩张。 ◀ 知识点

宋太宗赵光义
党项？

宋真宗赵恒
爹，我只想说他们夺取了西北重镇灵州。

宋太宗赵光义
什么？你能这么轻松地说出来，我是没想到啊。

209

宋真宗赵恒

辽圣宗耶律隆绪

有一说一,汉人的文化确实博大精深啊!

群聊机器人

辽圣宗的汉文化修养颇高,史称"道、佛二教,皆洞彻其宗旨"。

华夏皇帝群(254)

公元 1038 年

系统提示:夏太祖李继迁和夏太宗李德明进入群聊

秦始皇嬴政

这又是谁啊?

群聊机器人

知识点

今年李元昊正式称帝,国名白高大夏国。因其在西北,宋人称之为西夏,并追谥了他的祖父跟父亲。

夏太宗李德明

本来称帝的人应该是我,谁能想到我突然就挂了。

宋太祖赵匡胤

李继迁?

夏太祖李继迁
我就是那位被赵光义赐名赵保忠的李继捧的族弟。

宋太祖赵匡胤
不是吧?你们党项族居然建国了?

夏太祖李继迁
我不知道,我不清楚,别问我。

宋太宗赵光义
又是党项!当初没有收服党项平夏部,真的是太遗憾了!

宋真宗赵恒
爹,就是他们不讲武德!我把五州之地都还回去了,他们居然还去攻打西北重镇,截断我朝与西域的商道,截断西域向我朝入贡。

知识点

群聊机器人
同时禁止西域诸部向宋朝卖马,严重影响了宋朝的国防军力建设。简单来说,就是阻断了"丝绸之路"。

夏太祖李继迁
这边再次感谢 @ 宋真宗赵恒 送上的五州之地,以及把张浦也还回来了。

宋太宗赵光义
你是憨憨吗?为什么要归还五州?还放了张浦?

211

宋真宗赵恒

这不是为了息事宁人吗？

宋太宗赵光义

我是真没想到，你还能再"炫耀"一遍！

宋太祖赵匡胤

真的就是败家子啊！

宋真宗赵恒

群聊机器人

党项族在公元982年，内部就开始了分裂。李继捧一支率族人依附宋朝，献夏、绥、银、宥、静五州之地。李继迁一支采纳部下张浦的建议，率领贵族逃入夏州东北三百里的地斤泽，抗宋自立。

知识点

秦始皇嬴政

哇哦，还内部分裂了哦！我就喜欢看这些。

秦始皇嬴政

群聊机器人

自此党项族就有了西夏的基本雏形。到李德明时假意依附宋朝，转而对回鹘、吐蕃部落展开大规模的攻掠，极

> 大地加强了党项奴隶主贵族的力量，扩展了统治的领域！到这时，党项族已经有了立国的资本。

辽圣宗耶律隆绪
> 突然想想，我契丹可是嫁了两个公主到你们西夏啊！

夏太祖李继迁
> 对哦，我当初敢那么嚣张，还是因为娶了契丹公主啊！

夏太宗李德明
> 哟，这不是手下败将耶律隆绪嘛，你大军再来五十万都不够我塞牙缝的。

辽圣宗耶律隆绪
> 你现在居然敢这么嚣张？当初你还来为你的儿子请婚，娶我宗室之女。

夏太宗李德明
> 不然呢？当初是夹在你们两国中间，我肯定要低调点，现在反正都死了，大家平起平坐了。

秦始皇嬴政
> 平起平坐？

夏太宗李德明
> 我说的是和他，不是您。

群聊机器人
> 李德明采用"依辽和宋"策略，同时向辽、宋称臣，接受两国封号，伺机向西发展。数年间，西夏击败吐蕃和

知识点

> 回鹘，夺取西凉府、甘州、瓜州、沙州等。打败辽圣宗耶律隆绪后，西夏的势力范围扩展至玉门关和河西走廊。李德明一生辛苦经营，不但保存了祖先的基业，并且不断扩张势力，为西夏建国打下了稳固的基础。

秦始皇嬴政
五十万都输了吗？

夏太祖李继迁
绝！真的绝了！

夏太宗李德明
是啊，我也觉得！这都能输的，哈哈哈！

辽景宗耶律贤
儿啊，你跟大宋签了个"澶渊之盟"之后，都不会打仗了吗？

宋真宗赵恒
这锅我不背啊！

宋真宗赵恒
呜呜呜

华夏皇帝群（255）

公元 1048 年

系统提示：夏景宗李元昊进入群聊

群聊机器人

> 夏景宗也是很厉害的，他开创了西夏王朝、创造了西夏文字、颁布秃发令。与宋正式决裂，经四大战役，灭掉宋朝西北精兵数万。在对辽的河曲之战中，击败御驾亲征的辽兴宗，奠定了宋、辽、西夏三分天下的格局。

知识点

辽圣宗耶律隆绪
我儿子还御驾亲征啊！厉害了，虽然败了，给他点个赞，光明正大败的，不像某些人……

夏太祖李继迁
我怎么感觉你在指桑骂槐啊！

宋太宗赵光义
赵保吉，说的就是你！什么玩意儿，一天天正事不干，就知道诈降。

夏太祖李继迁
我现在是李继迁，赵保吉算什么东西，一点都不好听。

宋太宗赵光义
是啊！赵保吉算什么东西？

夏景宗李元昊
辽兴宗后来还一直对宋、对我大夏用兵，意气用事，结

215

果呢？把自己辽朝打衰败了，干得漂亮。

辽圣宗耶律隆绪

啊，这？我刚才还夸他呢，等他进来有他的好果子吃！

唐高祖李渊

阿巴阿巴，大家下午好哦，许久不见了，大家有没有想我呢？

秦始皇嬴政

喊，谁会想你！

唐高祖李渊

行，我走！

夏太宗李德明

这个唐高祖也太菜了吧？刚才看了一下资料，被自己儿子逼退位哦！

唐太宗李世民

喀喀，你不说话，没人当你是哑巴！

唐太宗李世民

你爹还不讲武德呢！和你简直相反，你天天求和，他天天诈降，诈完宋朝，诈辽朝。

唐高祖李渊

武德，我的年号就是武德，难道后人还流传着我的功绩，传颂我的年号？

唐太宗李世民
我的好爹爹，你就别说话了好吗？

汉高祖刘邦
这个李继迁和我有得一拼。

夏景宗李元昊
一讲到我爹，我就来气！

群聊机器人
李元昊没有继位时就瞧不起他这个窝囊废老子，他和他爷爷反而很像，认为大丈夫在世应建立功名，而不是委屈求和。

夏太宗李德明
嘿，你这臭小子，我看你就是欠打了吧？你爹我打耶律隆绪的时候，可没有你口中那么不堪。

辽圣宗耶律隆绪
啊？被自己儿子说，就拿我开涮是吧？

辽景宗耶律贤
行了，你就少说几句吧！自己回去反省反省。

群聊机器人
李元昊被自己太子砍了鼻子，死后由其幼子李谅祚继位。

夏景宗李元昊
啊？我不是把位置传给我兄弟了吗？

群聊机器人
太子作乱之后，逃入你老师没藏讹庞的府里，被你老师杀了，之后你下诏书封自己的兄弟为大夏皇帝。

夏景宗李元昊
对啊，那为什么会是我的幼子继位？

群聊机器人
但是！没藏讹庞他偏偏不想让你的兄弟当皇帝，于是暗改诏书，立李谅祚为大夏皇帝。

夏景宗李元昊
老师啊！

宋真宗赵恒
干得漂亮！

华夏皇帝群（256）

公元 1055 年
系统提示：辽兴宗耶律宗真进入群聊

夏景宗李元昊
哟吼，这不是那个御驾亲征的耶律宗真吗？来的时候威风凛凛，走的时候狼狈不堪。

秦始皇嬴政
你少说几句吧！给人家幼小的心灵留下创伤就不好了。

辽兴宗耶律宗真
你们，失败乃成功之母！

辽圣宗耶律隆绪
所以这个就是你后来对西夏一直用兵，一直输的原因？

辽兴宗耶律宗真
我还是有收获的！我乘李元昊新丧之机又去攻打了。虽然又被打退了，但是这次我把他的一个遗孀及多名官僚家属，还有大量牲畜都带回去了。所以说老爹，我也不是一无是处的啊！

夏景宗李元昊
就这么点东西，你要就拿走呗。

辽圣宗耶律隆绪
这就骄傲了吗？

辽兴宗耶律宗真
还有还有！我看宋朝跟西夏打架，就去勒索宋朝，最后的结果是岁币各加了十万（银十万两、绢十万匹）。

知识点

群聊机器人
史称"庆历增币"或"重熙增币"。

219

宋太祖赵匡胤
真就疯狂送钱啊!

群聊机器人
这个也怪不了辽兴宗,耶律宗真继位初期,权力一度被生母萧耨斤掌握。

辽圣宗耶律隆绪
萧菩萨哥皇后呢?

辽兴宗耶律宗真
被母亲诬陷谋反,被逼自尽了。

群聊机器人
萧耨斤甚至有改立耶律宗真之弟耶律重元为皇帝的想法。

辽兴宗耶律宗真
最后还是弟弟把母亲的计划告诉了我。我乘出游的机会,率近卫军一举铲除了萧耨斤及其党羽的势力。

宋真宗赵恒
嘿!弟弟,你家有点乱啊。

秦始皇嬴政
你家都快没钱了,还好意思说别人!

华夏皇帝群（257）

公元 1063 年

系统提示：宋仁宗赵祯进入群聊

群聊机器人
> 宋仁宗初名赵受益。

宋真宗赵恒
> 儿啊，你来啦！

宋仁宗赵祯
> 爹！你为什么不跟我说，我的亲生母亲是谁。

宋真宗赵恒
> 这……你都知道了吗？

宋仁宗赵祯
> 我等到了大娘娘去世，才有人告诉了我真相。

宋真宗赵恒
> 大娘娘？

群聊机器人
> 就是刘娥太后。

秦始皇嬴政
> 这好像是个大瓜！

宋真宗赵恒
我这也是没办法啊！我很想让刘娥当皇后，但是大臣们又反对，你的那些哥哥又去世得早，所以才想了这个"借腹生子"的办法。

宋真宗赵恒
刚好李氏生的是男孩，我就对外声称是刘皇后所生了。

宋仁宗赵祯
一想到生母还没有与自己相认便去世了，真的是悲痛欲绝啊！

群聊机器人
而且关于这件事，后世的人还为此创作了民间文学故事《狸猫换太子》。这里要说一下历史上"仁宗认母"这一事件的整个过程，跟包拯毫无关系哦。

宋仁宗赵祯
为什么会扯到包拯？

群聊机器人
没啥没啥！这里既然说到了刘娥，那就顺便提一下刘娥临朝称制了十余年，是宋朝第一个临朝称制的女主，后世称其"有吕武之才，无吕武之恶"。

知识点

汉高祖刘邦
第一个？

222

唐太宗李世民

得！又是嬴政。

秦始皇嬴政

这真不是我！刘邦你怎么跑出来了？

汉高祖刘邦

出来透透气，你这里面也太大了吧？机关又多！但是被我找到出路了，哈哈哈！

秦始皇嬴政

那这就没意思了。

则天大圣皇帝武则天

什么叫"无吕武之恶"？

群聊机器人

刘娥临朝，"威震天下"，而且刘娥还身穿帝王龙袍，参加宋廷册封大典。

宋太祖赵匡胤

穿帝王龙袍？

宋仁宗赵祯

有人鼓动大娘娘称帝，请大娘娘"依武后故事"。

群聊机器人

结果刘娥将鼓动她称帝的奏章撕碎，掷于地上，表态说："我不做这种对不住大宋列祖列宗的事！"

宋太祖赵匡胤
好家伙！你说话能不能快点，我差点以为我大宋没了！

唐太宗李世民
真好！羡慕！

则天大圣皇帝武则天
[嫌弃]

群聊机器人
让我们继续聊一聊这宋仁宗。

秦始皇嬴政
我看他既没有打过西夏，又给大辽送钱，居然还有那么多没说的吗？

宋仁宗赵祯
好歹我也在位了四十二年！

群聊机器人
这已经是宋朝在位时间最长的皇帝了！而且前面不就只说了他认亲生母亲的事情嘛！

宋仁宗赵祯
那不是多亏了我老爹，整了这么一出！

宋真宗赵恒
好小子，居然还蹬鼻子上脸了。

群聊机器人

宋仁宗继位之后任用贤才，如谏臣包拯、参知政事范仲淹等。在位期间，北宋经济繁荣，科学技术和文化也得到了很大的发展，史称"仁宗盛治"。

知识点

秦始皇嬴政
所以想要国家发展得好，一定要君臣同心协力。

唐太宗李世民
确实！但是也不能只注重文治啊，能不能学学我文治武功集于一身。

汉高祖刘邦
不不不，还有一个重点！太子要立得好，还要立得早！

秦始皇嬴政
你闭嘴

唐太宗李世民
哈哈哈！这次我相信真的是刘邦了。

秦始皇嬴政
你怎么还不回去玩大冒险啊？

汉高祖刘邦
想大家了，晚一点再回去吧。

秦始皇嬴政

早知道就改你密码了，让你说不了话！

群聊机器人

宋仁宗一生都在实行仁政！他任用参知政事范仲淹、富弼、韩琦等开展"庆历新政"，企图遏止日益严重的土地兼并及"三冗"现象，但因反对势力庞大，改革旋即中止。虽然只持续了十六个月，却为后来的王安石变法拉开了序幕。

> **知识点**

宋仁宗赵祯

王安石变法？他居然还变法了吗？

群聊机器人

呀，不小心剧透了，别在意，别在意。

群聊机器人

对了，宋仁宗的书法也很厉害！尤其擅长飞白体，有《御制集》一百卷。

则天大圣皇帝武则天

飞白体，啊啊啊！你有没有看过我的《升仙太子碑》，写得可以吧？

宋仁宗赵祯

有啊！写得很好啊！

魏武帝曹操

武则天妹妹，我会作诗！我们也可以在诗词方面探讨一下。

226

则天大圣皇帝武则天

> 懒得理你

夏景宗李元昊

> @群聊机器人 你介绍这么久，怎么就没有介绍他宋夏战争的失败呢？还有"庆历和议"呢？

群聊机器人

> 前面不是讲过了？没必要再讲一遍。

宋仁宗赵祯

> 这个确实没必要再讲了……

群聊机器人

> 突然想到生不逢时的名将狄青，也是宋仁宗时期的……

宋仁宗赵祯

> 这……

群聊机器人

> 对了！在宋仁宗时期有很多让现在学生仰慕的文学名人，欧阳修、范仲淹、司马光、王安石、苏轼、苏辙等人的文章都需要全文朗读并背诵，哈哈哈！

知识点

宋仁宗赵祯

> 他们写的文章居然还要背诵的吗？那有没有人背我的呀？

群聊机器人
> 我只记得曹操有几首是需要背诵的。

宋仁宗赵祯
[狗头表情]

魏武帝曹操
哈哈哈！

魏武帝曹操
[骄傲猫表情]

华夏皇帝群（258）

公元 1067 年

系统提示：宋英宗赵曙加入群聊

群聊机器人
> 宋英宗是宋太宗赵光义的曾孙，宋仁宗的养子。宋仁宗无子，就把宋英宗接入皇宫内收为养子，后来继承了皇位。

知识点

宋真宗赵恒
养子？你在位四十二年居然没有儿子？

宋仁宗赵祯
早年的时候没有呗,就把他接入皇宫了。而且后面生的儿子都早亡了!我这一生就只生了三个儿子,其他都是女儿。

夏景宗李元昊
生女儿好啊!到时候没钱了,可以嫁女儿和亲。

宋仁宗赵祯
你!

宋英宗赵曙
父皇,曾爷爷,你们都在啊?

宋仁宗赵祯
你怎么这么快就进来了?

宋英宗赵曙
先生病,然后去世了。我才做了四年的皇帝啊!

宋英宗赵曙
呜呜呜

宋仁宗赵祯
四年能干啥呢?

宋英宗赵曙
我……好像也没做什么……

知识点

> 群聊机器人：有！你做了一件大事！让司马光设局专修《资治通鉴》！

> 宋英宗赵曙：《资治通鉴》是啥？我没让他修这个啊，我让他修的不是《通志》吗？

> 群聊机器人：就是这个！《资治通鉴》是你儿子赵顼赐的名。而且《资治通鉴》与司马迁的《史记》并列为中国史学的不朽巨著，所谓"史学两司马"。

> 宋英宗赵曙：[骄傲]

知识点

> 群聊机器人：突然想到宋英宗亲政，还发生了"濮议之争"。

> 宋英宗赵曙：这是小事情啊，没必要说，没必要说。

> 宋仁宗赵祯：啥事情？

> 群聊机器人：就是宋英宗时期对生父赵允让名分问题的讨论，引起了一系列政治事件，到底是要称其为皇伯，还是称其为皇考。

230

宋仁宗赵祯
结果呢?

宋英宗赵曙
结果就是还没来得及给他上谥号，我就死了。

华夏皇帝群（259）

公元1068年
系统提示：夏毅宗李谅祚进入群聊

夏景宗李元昊
儿子，你才二十一岁啊！怎么就……

夏毅宗李谅祚
别提这个伤心的事了。居然在我周旋于宋、辽、吐蕃部族之间，内政外交上颇有作为的时候让我死了！

夏景宗李元昊
我还以为，你会被没藏讹庞控制住。

夏毅宗李谅祚
有一件事要告诉您，母后先与李守贵私通，后面又跟您的侍从私通，结果李守贵吃醋把母后跟侍从都杀了。

夏景宗李元昊
活该！

夏毅宗李谅祚
舅舅为了把持政权,还把他的女儿嫁给我做皇后!那时候我才九岁啊!

夏景宗李元昊
那你是怎么夺回大权的?

夏毅宗李谅祚
就是我与舅舅的儿媳梁氏私通,她跟我说没藏讹庞父子密谋欲行刺我。我在大将漫咩的支持下铲除了舅舅及其党羽,又杀死妻子没藏氏,结束了没藏氏专权的局面。

秦始皇嬴政
跟舅舅的儿媳私通,然后让她做你的眼线,可以的!

汉高祖刘邦
"儿媳"这个词出现的频率有点高啊!

群聊机器人

> **知识点** 夏毅宗先后收降了吐蕃首领禹臧花麻及木征等,巩固了西夏的南疆。他亲附大辽,向辽进贡回鹘僧、金佛和《梵觉经》。

夏毅宗李谅祚
然后顺便跟宋朝小打小闹。

宋英宗赵曙
你是真的没事干了!就因为使者说的一句"当用一百万兵逐入贺兰巢穴",就认为我们在侮辱你,然后跑过来

232

攻打我们。最搞笑的是还没打，就被我们给击退了。哈哈哈！

夏毅宗李谅祚
我就是去吓吓你而已。

夏景宗李元昊
（表情）

宋太祖赵匡胤
终于看到打胜仗的消息了！

华夏皇帝群（260）

公元 1085 年

系统提示：宋神宗赵顼进入群聊

群聊机器人
宋神宗幼时，便"知祖宗志吞幽蓟、灵武，而数败兵"，立志"雪数世之耻"。

宋太祖赵匡胤
好啊好啊！很有觉悟！

宋太宗赵光义
但是哥哥，这是我的后代，不是你的，嘿嘿嘿！

知识点

宋太祖赵匡胤
脸给你打歪

宋英宗赵曙
儿子！你是怎么想到《资治通鉴》这个名字的？

宋神宗赵顼
我认为此书"鉴于往事，有资于治道"，所以就取名为《资治通鉴》。

宋仁宗赵祯
王安石变法是什么，谁能讲讲？

宋神宗赵顼
我刚继位的时候，由于军费开支庞大，官僚机构臃肿而政费繁多，加上每年赠送辽和西夏的大量岁币，使宋朝财政年年亏空。因此，我深信变法是缓解危机的唯一办法。

群聊机器人
简单来说就是对宋太祖、宋太宗所制定的"祖宗之法"产生了怀疑。

宋太祖赵匡胤
什么？他在质疑我？弟弟，这就是你的后代吗？

宋太宗赵光义
这……

> 群聊机器人
>
> 所以宋神宗继位不久，就召王安石赴京，推行变法，史称"熙宁变法"。在变法的过程中，神宗以君权的力量，保证了一系列新法的推行。

◀ 知识点

宋神宗赵顼
> 在变法期间，王安石任用王韶出兵抗御西夏，拓地五州。

> 群聊机器人
>
> 史称"熙河开边"！在宋越熙宁防守反击战争中，让交趾王李乾德割地求和。

宋太祖赵匡胤
> 妙啊妙啊！

秦始皇嬴政
> 你这变脸可真快啊！

宋神宗赵顼
> 新法的实行，大大增加了国家的财政收入，宋朝又重新恢复了生机与活力。

> 群聊机器人
>
> 变法虽然在前一阶段取得了胜利，但守旧势力的攻击并没有停止。于是，神宗开始左右摇摆，勉强维持新政。

宋神宗赵顼
> 为了保住自己的皇位，必须获得大臣和后族的支持，我也只能一边安抚守旧派的大臣，一边坚持改革，以平衡

> 新派、旧派的力量。虽然王安石被罢相了，但是王安石的新法仍在推行！而且我还对官职制度进行了一次重要的改革。

群聊机器人

> 史称"元丰改制"。在改制后，朝廷的行政效率并没有提高，甚至造成了行政效率的降低，但是胜在减少了财政开支。

秦始皇嬴政

> 明白了，就是为了存钱呗！

群聊机器人

> 宋神宗本以为西夏皇室内乱，自己有机可乘，遂出兵五路伐夏，起初势如破竹，但深入夏地后各军因粮草不济，被迫退回。

宋神宗赵顼

> 还是占领了一些军事要地的。

夏景宗李元昊

> 皇室内乱？

宋神宗赵顼

> 就是你孙子李秉常被梁太后囚禁了，好像听闻这个梁太后是汉人哦。

群聊机器人

> 你可别忘了，你听从徐禧之计，筑永乐城屯军。就是这个梁太后命令三十万大军围攻永乐城，致使宋朝战败的。

宋武帝刘裕

我就笑笑不说话。

宋仁宗赵祯

不对啊！我记得我当初给你们相中了两位年轻人啊，日后可以当宰相的不是吗？

宋神宗赵顼

您说的是苏轼兄弟吗？

宋仁宗赵祯

对对对！

宋神宗赵顼

苏轼写诗犯了法，差点就被我杀了。因为太皇太后求情，他才得以免罪。还有苏辙，因反对王安石变法被贬，后面因为苏轼的"乌台诗案"又被贬了。

> 知识点

宋仁宗赵祯

（？？）

群聊机器人

说到这个太皇太后，也就是曹皇后啊，是宋朝难得能称上贤德的皇后了。

宋仁宗赵祯

其实我当初都不怎么宠爱她，甚至有废掉她的想法……

群聊机器人

你只看重美貌,都不会欣赏内在!

隋炀帝杨广
美貌肯定是至关重要的啊,这还用说!

秦始皇嬴政
果然都是老色痞了。

华夏皇帝群(261)

公元 1086 年
系统提示:夏惠宗李秉常进入群聊

宋神宗赵顼
呀!去年才刚提到你,没想到你今年就进来了。

夏惠宗李秉常
你们宋朝怎么能这样啊?这都能输?

宋神宗赵顼
你们自己内乱还怪我咯?

夏惠宗李秉常
刚开始不是挺猛的吗?怎么就被诱敌深入、聚而歼之的策略打败了?能不能动动脑子啊!

宋神宗赵顼

你闭嘴

夏毅宗李谅祚

儿啊！这是怎么回事？

夏惠宗李秉常

表面上我是开始亲政了，但是实际上实权仍在母亲与梁乙埋手中。好不容易等到梁乙埋死了，母亲立梁乙埋之子梁乙逋为国相，梁氏姑侄继续把持朝政。好不容易等到母亲死了，又变成了内部皇族与后族的斗争。

秦始皇嬴政

?!?!

夏惠宗李秉常

啥事都没做成！世上白走了这一遭。

夏惠宗李秉常

239

华夏皇帝群（262）

公元 1100 年

系统提示：宋哲宗赵煦进入群聊

宋神宗赵顼
哟，这不是我的儿嘛。

宋哲宗赵煦
嘿嘿嘿！父皇，我来了。

宋神宗赵顼
等等，让我掐指算算！不对啊，你不是才二十几岁吗？

宋哲宗赵煦
就病逝的呗，死得很无奈。

夏惠宗李秉常
我死的时候也才二十几岁。

群聊机器人

> **知识点**：宋哲宗十岁继位，由祖母太皇太后高氏临朝听政。高氏起用司马光等人，恢复旧法，史称"元祐更化"。

宋神宗赵顼
妇人之见啊！

宋哲宗赵煦
爹，不要慌，我还是向着你的！

群聊机器人

在祖母高氏去世后,宋哲宗开始亲政,下令绍述(继承)并实施新法,罢旧党宰相范纯仁、吕大防等,起用章惇、曾布等新党,减轻了农民的负担,使国势有了起色。

宋神宗赵顼

不愧是我的儿子!

宋哲宗赵煦

我在军事上重启河湟之役,收取青唐地区,并发动了两次平夏城之战,使西夏臣服。

宋太祖赵匡胤

好啊!好啊!好啊!

群聊机器人

重点是宋将章楶以数万宋兵大破三四十万夏军!

夏景宗李元昊

什么?这怎么可能?

群聊机器人

想知道为什么吗?因为西夏掌权人是李秉常的皇后梁氏,史称"小梁太后"。

夏惠宗李秉常

突然想起来,她是母亲的亲侄女!没想到,她居然还学起母亲了!

宋太祖赵匡胤

有一说一,这是最近听到的最舒服的消息了。

华夏皇帝群(263)

公元1101年

系统提示:辽道宗耶律洪基进入群聊

秦始皇嬴政

哇!我们好像很久没有看到大辽的皇帝进群了。

辽太祖耶律阿保机

说明我契丹皇帝猛啊!

辽兴宗耶律宗真

儿子!

辽太祖耶律阿保机

你在叫谁呢?

辽道宗耶律洪基

父王!

群聊机器人

耶律洪基奉兴宗弟耶律重元为皇太叔,加号天下兵马大元帅。

辽道宗耶律洪基

结果叔叔耶律重元及其子涅鲁古等发动了一场大规模的叛乱。

辽兴宗耶律宗真

群聊机器人

史称"重元之乱"。辽道宗派耶律仁先、耶律乙辛等平定了叛乱。但是后面有十几年耶律乙辛都在专政，直至公元1081年，辽道宗才废黜耶律乙辛及其党羽。

知识点

辽兴宗耶律宗真

这个耶律乙辛，亏我还多次给他加官晋爵。早知道他是这样的人，我就应该把他发配到边疆！

辽兴宗耶律宗真

秦始皇嬴政

如果我早知道赵高是那样的人，早把他千刀万剐了！

群聊机器人

可惜没有如果！这个耶律乙辛诬陷宣懿皇后萧观音与伶人赵惟一通奸，造成了"十香词冤案"。

辽道宗耶律洪基

这个怪我!是我不加查实,就让皇后自尽了!

群聊机器人

他还加害皇太子耶律浚(濬)。

辽道宗耶律洪基

太子不是病逝的吗?

群聊机器人

非也非也!他是被耶律乙辛暗害了,太子的妻子也是被他灭口的。

汉高祖刘邦

加害皇太子这个就太正常了!你问问这里的皇帝们,绝对有皇太子是被官员害死的!是吧?@秦始皇嬴政。

秦始皇嬴政

刘邦,你走开啊!

汉武帝刘彻

说到这个,我就想起了我的儿,可怜我的儿啊,都怪江充这个奸臣。

群聊机器人

行了,跳过这个话题吧!在辽兴宗驾崩后,耶律洪基极为悲痛,不听朝政,在百官们的上表恳请下,他这才临朝听政。

汉高祖刘邦
哦哟，还是一个大孝子哦！

汉文帝刘恒
我也是一个大孝子，在《二十四孝》中我是亲尝汤药的主角。

秦始皇嬴政
行了，不要比孝了，要被气上头了！

汉高祖刘邦
邪魅一笑

群聊机器人
辽道宗坚持对宋通好，临终前仍不忘嘱咐子孙"切勿生事"。

宋太祖赵匡胤
那就把燕云十六州还回来啊！

辽道宗耶律洪基
不给不给！

群聊机器人
耶律洪基笃信佛教，广印佛经，建筑寺塔，劳民伤财，使社会矛盾激化，辽国开始由强盛转向衰落。被辽统治压迫的女真族开始兴起。

知识点

宋太祖赵匡胤

哈哈哈!感觉夺回燕云十六州的机会来了!

汉高祖刘邦

按照群聊机器人的德行,这边提了一句"开始兴起"不是没有道理的。兄弟们懂的都懂,好吧,我不多说了。

群聊机器人

好家伙!把我摸透了?

华夏皇帝群

群聊机器人

第八章

群聊机器人

两宋之交、辽金之交

金太祖完颜阿骨打

华夏皇帝群（264）

秦始皇嬴政
不知不觉，又二十几年过去了，群里怎么还没有进皇帝啊！

公元 1123 年
系统提示：金太祖完颜阿骨打加入群聊

群聊机器人
金太祖汉名完颜旻，女真名阿骨打。

> 知识点

辽太祖耶律阿保机
[??猫表情]

秦始皇嬴政
你们两个人名字好像啊！是不是失散多年的"兄弟"啊？

金太祖完颜阿骨打
这是哪里？

群聊机器人
群公告自己去看！

金太祖完颜阿骨打
那耶律淳怎么不在？

辽太祖耶律阿保机

耶律淳?

金太祖完颜阿骨打

他是耶律宗真之孙、耶律洪基的侄子。我连续攻陷辽国的上京和中京,耶律延禧跑了,然后群臣拥立耶律淳为帝。他去年就死了啊!居然没进来。

> 知识点

群聊机器人

这不是为了让你快点进群吗?辽宣宗耶律淳于公元1122年建立北辽政权,病逝后其妃萧普贤女摄政,执掌北辽大权。

金太祖完颜阿骨打

没啥用!我后面攻入居庸关,他们都跑了。

群聊机器人

北辽就因此灭亡了?

辽太祖耶律阿保机

什么?我契丹灭亡了?

宋太祖赵匡胤

舒服啊!舒服啊!

金太祖完颜阿骨打

还没有,还没有!耶律延禧仍在苟延残喘,不过我觉得也快了。

249

辽太宗耶律德光
什么？你是从哪里冒出来的？不可能！我大辽怎么可能被你一个不知道从哪里冒出来的小子给灭了！

群聊机器人
我当初不是说了吗？"被辽统治者压迫的女真族开始兴起"。

秦始皇嬴政
刘邦！永远的神！

辽道宗耶律洪基
这……应该不关我的事吧？

金太祖完颜阿骨打
你说呢？

辽道宗耶律洪基
祖宗们饶命啊！

群聊机器人
> 知识点

公元1114年，完颜阿骨打起兵反抗大辽！出河店之战大捷使女真军事实力更强，军威更盛，为以后大金国的建立创造了先决条件。公元1115年，建国"大金"，年号"收国"。

宋太祖赵匡胤
我想知道我们宋朝在干吗。

金太祖完颜阿骨打

我跟你们宋朝商定：金取辽中京大定府，宋取辽南京（燕京）析津府。辽亡后，宋将原给辽之岁币转纳于金国，金同意将燕云十六州之地归宋朝。

知识点

群聊机器人

史称"海上之盟"。

金太祖完颜阿骨打

西京本来是要宋朝来打的，你们不知道在干吗，都没有按期出兵，我就先给占了。

群聊机器人

我偷偷告诉你，他们北宋也发生叛乱了，没空呢！

金太祖完颜阿骨打

你们宋朝军队不太行，打个燕京还需要我帮忙。

宋太祖赵匡胤

所以燕云十六州还回来了？

金太祖完颜阿骨打

还了一些，顺便还敲诈了一笔巨款。

宋太祖赵匡胤

（嫌弃）

251

知识点

金太祖完颜阿骨打
你们如果有本事打下来,我也不至于被求着去帮你们打。

群聊机器人
完颜阿骨打还让曾习契丹字和汉字的臣僚完颜希尹和叶鲁以契丹大字和汉字为基础创制女真文字,并于公元1119年诏令颁行。

金太祖完颜阿骨打
可惜我病逝了,不然我肯定能灭了辽!顺便有可能南下攻宋!

宋太祖赵匡胤
你在想什么?

汉高祖刘邦
我给你们分析一波,刘裕的宋朝,群聊机器人叫它刘宋或南朝宋,而不是叫南宋,那为什么又叫你们的宋朝为北宋。意思是不是如果后面北宋没了,又会有一个南宋?

宋太祖赵匡胤

华夏皇帝群（265）

公元 1128 年

系统提示：辽天祚帝耶律延禧进入群聊

群聊机器人

> 公元1125年，辽朝被金朝所灭。辽朝（907—1125）是中国历史上由契丹族建立的朝代，共传九帝，享国二百一十八年。 ← **知识点**

辽太祖耶律阿保机
> 天哪，我的契丹！

辽天祚帝耶律延禧
> 哪里灭亡了？我记得耶律大石在西边也建立了一个辽。

辽太祖耶律阿保机
> 真的吗？

群聊机器人

> 西辽是中国历史上由契丹族在中国新疆和中亚地区建立的政权，建立者是辽朝开国皇帝耶律阿保机的八世孙耶律大石。 ← **知识点**

辽太宗耶律德光
> 那你还说我大辽灭亡了？

金太祖完颜阿骨打
> 也不想想，你们的五个京都全被占了。

253

辽天祚帝耶律延禧
完颜阿骨打!

宋太宗赵光义
今天真是个好日子啊!普天同庆……

宋太祖赵匡胤
终于等到了这一天!

辽天祚帝耶律延禧
你们在开心什么呢?

宋太宗赵光义
你们大辽灭亡了,我们就很开心啊!

辽天祚帝耶律延禧
可是你们宋朝也没了啊!

宋太祖赵匡胤

宋太宗赵光义

秦始皇嬴政
开始了,开始了。

辽太祖耶律阿保机

转场这么快吗?精彩!

辽太宗耶律德光

[好奇围观看戏]

宋太祖赵匡胤

你在说什么?我宋朝怎么可能没了?

辽天祚帝耶律延禧

就在公元1126年,完颜晟派兵南下,然后你们宋朝就灭亡了啊!

> 知识点

汉高祖刘邦

你看看,你看看!要学会分析和揣测群聊机器人的心理。

汉高祖刘邦

但是这攻打的速度,也太快了吧?

辽天祚帝耶律延禧

还顺便把两个皇帝,还有后妃、宗室、百官数千人,各种宝贝押送到了北方。

金太祖完颜阿骨打

[点赞]

宋太宗赵光义
为什么是两个皇帝?

辽天祚帝耶律延禧
就是有两个呗,问那么多干吗?

宋太祖赵匡胤
不!我不相信!

唐高宗李治
想当初我都打穿北方了,你们不太行啊!

宋太祖赵匡胤
你继承的可是李世民打下来的江山!

后周世宗柴荣
什么?你在暗示我留下来的不行?

宋太祖赵匡胤
没没没!只是说起点不一样嘛。

秦始皇嬴政
小老弟不要慌啊,肯定有反转!

辽天祚帝耶律延禧
我好像听说一个叫赵构的即位于南京应天府,但是我认为也撑不了多久。

宋太祖赵匡胤
群聊机器人呢?群聊机器人呢?

群聊机器人

公元1127年北宋灭亡后,赵构定都于南京应天府(今河南商丘)称帝,延续宋统,国号"宋",史称南宋。

知识点

宋太宗赵光义

还在就好,还在就好。

宋太祖赵匡胤

弟弟,这就是你的后代!

群聊机器人

这里要说一个争议!天祚帝耶律延禧记载的去世时间有两种说法:《辽史》记载是公元1128年病逝的!《大宋宣和遗事》则记载的是公元1156年,金朝皇帝让八十一岁的耶律延禧去比赛马球,耶律延禧善骑术,企图纵马冲出重围逃命,结果被乱箭射死了。

辽天祚帝耶律延禧

我死的时候岁数大了,也记不清了。还有就是这些人乱记载,就不能记载一个统一的时间点吗?害得我都不知道自己是什么时候死的!

秦始皇嬴政

我比较倾向于前者,八十一岁还能比赛马球,你弯得下腰吗?你举得起杆吗?

辽天祚帝耶律延禧

说得好像也有点道理!

华夏皇帝群（266）

公元 1135 年

系统提示：金太宗完颜晟进入群聊

> 群聊机器人
> 金太宗本名完颜吴乞买。

金太祖完颜阿骨打
弟弟！快跟为兄说说，你是如何攻下南方的。

金太宗完颜晟
哥！这事你咋知道的？

辽天祚帝耶律延禧
那肯定是我说的啊！一看到我进来，那几个宋朝的特别开心，那我就只能让他们伤心一下了。

金太宗完颜晟
说到这个！那个谁！宋太祖赵匡胤在不在？

宋太祖赵匡胤
干吗干吗？要单挑是不是？打拳还是耍棍？

金太宗完颜晟
没有没有，有人说我跟你长得很像，所以我想瞧一瞧。

秦始皇嬴政
像吗？可是你没有他黑。

宋太祖赵匡胤

> 群聊机器人

所以就有人传言，完颜晟可能是宋太祖转世来找宋太宗的后代复仇的。当然这只是传说，不可信。

宋太祖赵匡胤

复仇？

秦始皇嬴政

之前不是说了，你有可能是被赵光义谋害的。

宋太宗赵光义

知道真相的只有我自己，但是我什么都不说。

秦始皇嬴政

金太祖完颜阿骨打

弟弟，听说你还把宋朝的皇帝带回去了呀？

金太宗完颜晟

哈哈哈！是啊！还带了不少人回去呢。

秦始皇嬴政

你们是怎么这么快就打到了他们都城的？

金太宗完颜晟

就很奇怪啊，南下的时候一路经过险关要津，全无宋兵抵御……就很轻轻松松的。

宋太祖赵匡胤

在玩呢？上头！血压有点升高。

金太宗完颜晟

但是现在赵构建立的南宋有个猛男，好像叫岳飞。好家伙！这人收复了建康，还有襄阳六郡！

群聊机器人

> 突然提到岳飞……有点潸然泪下。

秦始皇嬴政

咋回事呢，小老弟？

金太宗完颜晟

哥哥！我最后把皇帝位传给了你的嫡长孙。

秦始皇嬴政

好家伙！同样是哥哥传位给弟弟！一个是弟弟传回给了哥哥的后代，一个是传给了自己的后代。

汉高祖刘邦

分析得很到位。

宋太祖赵匡胤

对啊！你这个臭弟弟，我后代那么多，你居然不传回去？

宋太祖赵匡胤

脸给你打歪

群聊机器人

金太宗其实是想让他的儿子继位的，只不过宗室和大臣都反对。

金太祖完颜阿骨打

好家伙！

华夏皇帝群（267）

公元1135年

系统提示：宋徽宗赵佶进入群聊

宋徽宗赵佶

北方真的是冷啊，冷啊……我的儿子怎么到现在都还没来接我回去……

金太宗完颜晟

呀，你也进来啦！

宋徽宗赵佶

啊啊啊！你别过来，你别过来！咦……等等，这里是哪里？

宋太祖赵匡胤

这里是揍你的地方!

宋徽宗赵佶

太祖!

宋太宗赵光义

这里是天堂,但也有可能是你的"地狱"。

宋徽宗赵佶

祖宗!我好惨啊,祖宗!

秦始皇嬴政

得!又是一个认亲的。

群聊机器人

据说宋神宗曾到秘书省观看收藏的南唐后主李煜的画像,"见其人物俨雅,再三叹讶",随后就生下了徽宗。于是就有人说,宋徽宗是李煜转世,但这种传说不足为信。

秦始皇嬴政

好家伙!真能胡扯啊。

群聊机器人

可是宋徽宗身上的确有李煜的影子!他在书法绘画方面,表现出了非凡的天赋。

宋太祖赵匡胤

是挺像的,最后都是被人打进都城,然后带走了。

宋哲宗赵煦

弟弟,你是怎么把我留给你的江山搞成这样的?

宋徽宗赵佶

皇兄!那这就说来话长了。

宋徽宗赵佶

我先问问,这里有没有尊信道教的?我自称"教主道君皇帝"。

秦始皇嬴政

实不相瞒,之前老子李耳进来过。

宋徽宗赵佶

宋哲宗赵煦

先问一个问题!为什么你会当皇帝?

宋神宗赵顼

赵煦,你是没有儿子吗?

宋哲宗赵煦

有……但是夭折了。

宋徽宗赵佶
向太后让我当的呗。

宋神宗赵顼
向皇后怎么会选了你这么个废物啊?

宋徽宗赵佶
父皇……我哪里是废物了?

宋徽宗赵佶
我只能说,赵家祖先们,你们之前的版图都没我的大! 陇西我也收复了,燕云我也收复了!

宋太祖赵匡胤
居然开始秀起版图了?有啥用?这些地方焐热了没?

唐高宗李治
就你们宋朝那版图,还好意思拿出来说?

唐高宗李治
[嫌弃]

宋徽宗赵佶
还有,我在艺术上的造诣颇高!

群聊机器人
确实!宋徽宗利用皇权推动绘画,使宋代的绘画艺术有了空前发展。而且他还精于茶艺,宋徽宗对中国茶事的

> 知识点

最大贡献是撰写了中国茶书经典之一的《大观茶论》。

宋徽宗赵佶
我自创了一种书法字体，但是还没给它取名字。

群聊机器人
后人称之为"瘦金体"。

宋徽宗赵佶
"瘦金体"？好名字，好名字！

宋太祖赵匡胤
怎么的？你在这里炫耀艺术造诣呢？你也不想想，你可是个皇帝！净在这边不务正业！

群聊机器人
宋徽宗是著名的书画家，也是个失败的政治家和皇帝。

宋徽宗赵佶
我继位后，也启用了新法啊！

群聊机器人
但是你重用蔡京等人啊。宋徽宗时期始终是蔡京及其党羽的天下，他们打着绍述神宗改革的旗号，作为排斥异己的幌子。

知识点

宋徽宗赵佶
这我后面知道了……说他是什么"六贼之首"。

265

宋哲宗赵煦

六贼？

宋徽宗赵佶

就是蔡京、童贯、王黼、梁师成、朱勔、李彦这六个人。

群聊机器人

这六人在朝堂之上结党营私、贪赃枉法、荒淫无度、排除异己，私下滥用职权，以鱼肉百姓为乐，将民间弄得乌烟瘴气，生灵涂炭。

秦始皇嬴政

好家伙！这几个人还抱团取暖了。

群聊机器人

有人会问，高俅呢？其实高俅在历史上不算大奸大恶之人，跟这几个人相比，那可相差甚远呢！

宋徽宗赵佶

我记得高俅以前还是苏轼的小秘书呢！

群聊机器人

宋徽宗还过分地追求奢侈生活，在南方采办"花石纲"，在汴京修建"艮岳"。

宋太祖赵匡胤

你可真舍得花钱呀。

群聊机器人

> 所以后面爆发了宋江起义和方腊起义。

宋徽宗赵佶

> 他们那是造反叛乱！

宋哲宗赵煦

> 可是，我还是不知道为什么后来两个皇帝被抓去了北方。

宋徽宗赵佶

> 就在金军兵临城下的时候，我听李纲之言，把皇位禅让给太子赵桓。

群聊机器人

> 对了！金朝南下攻取北宋首都东京，掳走徽宗、钦宗二帝，导致北宋灭亡的历史事件，史称"靖康之变"。

知识点

金太宗完颜晟

> 哟，昏德公，你的介绍可真长啊！怎么样，五国城好玩吗？以后可以作为旅游观光景点常来啊！

宋徽宗赵佶

> 你别太嚣张，这里我祖宗多，我可不怕你！祖宗，您是不知道，他们让我们赤裸着上身，身披羊皮，脖子上系根绳，像羊一样被人牵着。

金太宗完颜晟

> 这是我们的牵羊礼啊，让你去完颜阿骨打庙行礼有错吗？

267

金太祖完颜阿骨打
呀呀呀，弟弟给力，哈哈哈！

宋太宗赵光义
你闭嘴！我不认识你！

宋太祖赵匡胤
[当场去世]

〈 　　　**华夏皇帝群（268）**　　　···

公元 1139 年
系统提示：夏崇宗李乾顺加入群聊

夏惠宗李秉常
儿子！你终于进来了！

夏崇宗李乾顺
你就是我的父亲吗？

夏惠宗李秉常
是啊，我死的时候你才几岁。

夏崇宗李乾顺
哪有这样当爹的啊？巴不得我赶紧进来。

夏惠宗李秉常
没有啊,就是等你等太久了。

秦始皇嬴政
那还不是想他早点死吗?

夏崇宗李乾顺
好歹我也在位了五十五年,在辛辛苦苦做事情呢。

群聊机器人
李乾顺幼时一直是梁氏掌权。梁氏统治期间,西夏政治腐败,军队衰弱,北宋趁机来攻,夏军屡战屡败。

夏崇宗李乾顺
所以,我在十六岁时就把梁氏灭了!

夏惠宗李秉常
真棒!不愧是我儿子!

秦始皇嬴政
有你啥事呢?你都没亲政过。

辽道宗耶律洪基
有一说一,还不是因为我遣派使臣,帮他把梁太后毒害了,不然他怎么可能那么容易就把梁氏灭了。

夏崇宗李乾顺
我亲政之后整顿吏治,确定君主集权制,结束了外戚贵族专政的局面! @群聊机器人 这你都不介绍一下吗?

群聊机器人

> 你不都自己介绍了嘛！那我再补充一句，在李乾顺的励精图治下，西夏国势强盛，政治清明，社会经济得到了很好的发展。

辽天祚帝耶律延禧

就是你这个家伙！我去找你联手抗金，你拒绝了我，还联合金灭我大辽！

群聊机器人

> 他还攻打了宋朝，趁机取河西千余里地。

夏崇宗李乾顺

我本来是想去救你的！但是被金军阻击不能前进了啊。金国也派人过来了，我看你的大辽灭亡已成定局，为了保全我夏国的割据地位，才答应了金国的条件。

辽道宗耶律洪基

好啊你！忘恩负义！

金太宗完颜晟

主要还是我们太强啦！

华夏皇帝群（269）

公元 1143 年
系统提示：辽德宗耶律大石加入群聊

辽太祖耶律阿保机
我契丹又回来了？

群聊机器人
> 公元1132年，耶律大石在叶密立城登基称帝，号"菊儿汗"，西辽正式建立。 —— 知识点

辽天祚帝耶律延禧
耶律大石，你当初为什么要丢下我自己跑了？

辽德宗耶律大石
都跟你说了，不要妄自出兵攻金，你自己不听，结果被抓了吧？

辽天祚帝耶律延禧
你走就走嘛，还带走了我两百铁骑是什么意思？

辽德宗耶律大石
搞得就像把这两百铁骑留给你，你就能赢一样。当皇帝是要用脑子的！你看我走了之后，很快就聚集了精兵万余，战马万匹。

辽天祚帝耶律延禧
有什么用！还不是打不过！

271

辽德宗耶律大石

东征金国主要是中间有沙漠,战线又那么长。他们来攻打我,我不也把他打败了。

金太宗完颜晟

确实,在大漠中真不好打。

辽德宗耶律大石

既然东征不行,那我就接着西征好了。

群聊机器人

> **知识点** 继续西征之后,在卡特万战役中击败了十万西域联军,使塞尔柱帝国的势力退出河中地区,确立了西辽在中亚的统治。

辽德宗耶律大石

我当时可是成了中亚的霸主呢!

秦始皇嬴政

西边的人这么好打吗?我当时怎么就不知道西方还有国家呢?

汉高祖刘邦

你只顾着找长生不老药呗。

秦始皇嬴政

你闭嘴

华夏皇帝群（270）

公元 1150 年

系统提示：金熙宗完颜亶进入群聊

金太祖完颜阿骨打
> 孙子，还记得爷爷吗？

金熙宗完颜亶
> 那肯定要记得啊！爷爷，我要告状！我被完颜亮谋害了。

金太祖完颜阿骨打
> 这是为何？

金熙宗完颜亶
> 这……我也不懂啊。

群聊机器人
> 还不是因为你亲政后嗜酒如命，不理朝政，滥杀无辜。

金熙宗完颜亶
> 是这个原因？

金太宗完颜晟
> 那些支持你的宗亲、大臣在干吗？

金熙宗完颜亶
> 我其实是在公元 1148 年宗弼去世后，才正式亲政的。之前都是完颜宗翰、完颜宗干、完颜宗弼等开国功臣相继秉政，我临朝听政。我太依赖他们了，在完颜宗弼病

知识点

逝后，就不知所措，惶惶不可终日。

群聊机器人

然后，他那性格泼辣的皇后裴满氏干预政事，无所忌惮。

金熙宗完颜亶
她后面不就被我杀了嘛！

金熙宗完颜亶
而且我也在做事啊！我对旧制进行了一系列改革，废除勃极烈制度，改行辽、宋的汉官制度，设三师（太师、太傅、太保）、三省（尚书、中书、门下）。

知识点

金太祖完颜阿骨打
居然敢废了我的制度？

金熙宗完颜亶
勇于尝试嘛！而且我还扩建皇城，现在上京不但建筑金碧辉煌，而且水路、驿路四通八达。

群聊机器人

你还忘了说一件重要的事情。

金熙宗完颜亶
什么事？

群聊机器人

跟宋朝签订的和约，史称"绍兴和议"。

金熙宗完颜亶
啊！对对对，想起来了！

宋太祖赵匡胤
又是什么和约？

金熙宗完颜亶
就是宋向我称臣，我册封赵构为皇帝，每年宋朝还要向我纳贡银二十五万两，绢二十五万匹。

秦始皇嬴政
你们宋朝可真有钱啊！

宋太祖赵匡胤
之前不是说有个猛男吗？

金熙宗完颜亶
你说岳飞啊？他被你们宋朝的皇帝杀了呀，还割让了一大半从前被岳飞收复的失地给我们。

知识点

宋太祖赵匡胤

金太宗完颜晟
这是什么操作？

群聊机器人
就是赵构以妥协苟安为国策，就没想过要收复北方。他

> 害怕宋军的胜利影响他的求和，更害怕岳家军从金营迎回徽钦二帝，从而威胁自己的帝位。

宋徽宗赵佶
什么意思？这个臭儿子！

金熙宗完颜亶
没事，最后他把你的遗体接回去了。我就说他怎么不把赵桓也带回去，原来是怕没了帝位啊，哈哈哈！

唐太宗李世民
"好兄弟"！

群聊机器人
> 而且议和的必要条件就是杀掉岳飞，最后赵构和秦桧以"莫须有"的罪名杀了岳飞，一起被杀的还有其子岳云和部将张宪。

金熙宗完颜亶
岳飞被杀的消息传到金国后，我的大臣们为此酌酒庆贺，并说："和议自此坚矣！"

宋太祖赵匡胤
不行了！血压又上来了！

群聊机器人
> 当初岳飞可是打败了金军的主力，抗金形势一片大好。结果赵构和秦桧为了求和，命令各路军队班师，并在一天内连下十二道金牌逼令岳飞退兵。

金熙宗完颜亶

我那会儿就纳闷，宋军怎么突然退兵了，还把收复的国土又让了回来。不过有一说一，如果岳飞不死，我还真不一定打得过他。

金太宗完颜晟

他那个岳家军很厉害的！

秦始皇嬴政

这个皇帝什么时候进来，等不及想揍他了。

宋太祖赵匡胤

他一进来，我就先给他来一套组合拳！

华夏皇帝群（271）

公元 1155 年
系统提示：辽仁宗耶律夷列进入群聊

辽太祖耶律阿保机

契丹！我的契丹还在！

秦始皇嬴政

在是在，但估计已经不是原来的配方咯。

辽德宗耶律大石

确实，毕竟现在换地盘了。

金太祖完颜阿骨打
毕竟是被我们打跑了的，哈哈哈！

金熙宗完颜亶
爷爷……我们之所以会跟宋朝议和，还有一个原因，就是我们要去对付蒙古部落！结果听说蒙古草原一望无际，什么都找不着。蒙古部落打不过我们就跑，拿他们一点办法都没有！真赖皮！

辽仁宗耶律夷列
就这？现在我的国力可是越来越强了。

辽德宗耶律大石
是真的吗？

辽仁宗耶律夷列
真的！您去世以后，母亲萧塔不烟临朝称制，执政七年后还政于我。当初完颜亶还派使者来劝降，直接被母亲杀了。

> 知识点

金熙宗完颜亶
什么叫"就这"？后来蒙古合不勒汗去世后，由俺巴孩继位。结果俺巴孩被塔塔儿部出卖，把他送到了我这里，我就将其钉在了木驴上！

群聊机器人
所以蒙古部落跟你们金国就结下了不共戴天的仇！还有这几个人，要重点记下！

辽仁宗耶律夷列

我驾崩后，留遗诏让妹妹耶律普速完临朝称制，不知道现在如何了？

辽德宗耶律大石

这是为何？

辽仁宗耶律夷列

孩子还小，妹妹肯定能像母亲一样给力的！

华夏皇帝群（272）

公元1161年

系统提示：宋钦宗赵桓进入群聊

宋徽宗赵佶

儿啊，你终于进来了啊！

宋钦宗赵桓

父皇，什么叫"终于"啊？

宋徽宗赵佶

怕你在金国那边受苦呗。

宋钦宗赵桓

在那儿确实是很受苦啊！

宋徽宗赵佶
你是怎么死的?

群聊机器人
关于宋钦宗的死有一种说法是病逝的,还有一种说法就是完颜亮命令宋钦宗和耶律延禧去比赛马球,宋钦宗从马上跌下来,被马乱踏而死,同时耶律延禧也被乱箭射死了。

辽天祚帝耶律延禧
我的另一种死亡说法,原来是跟你一起的啊?

宋钦宗赵桓
唉!直到死都没等到弟弟派人来接我回去!

秦始皇嬴政
你想多了吧?

唐太宗李世民
还想着有人会来接你回去?多一事不如少一事,那个赵构可没这么闲。

宋太祖赵匡胤
丢人!还有,弟弟你别不说话啊,我都还没自闭,你在自闭什么?

辽景宗耶律贤
估计在准备驴车吧,打算带着他的后代跑路。

宋太宗赵光义
呸！我都还没揍他呢！还跑路？

宋钦宗赵桓
害怕……现在想想，当初如果不是我父皇突然把皇位传给我，我说不准还能跑掉。

宋徽宗赵佶
这你都能怪我？是李纲提议的，要怪你去怪他。

宋钦宗赵桓
当初金军渡黄河后，我本来可以直接溜溜球的！就是李纲苦苦哀求我留下来，不然我早跑了。

群聊机器人
你继位后，立刻贬了蔡京、童贯等人，然后重用李纲抗金。金军都撤退了，结果你听从奸臣的谗言，罢免了李纲，然后金军又来了，你没人可用了。

宋太祖赵匡胤
这对父子！不对！这父子三人是什么奇葩啊？

宋钦宗赵桓
但是事实证明，跑路真的有用。看看那个赵构！呸！在那儿享福呢！

宋徽宗赵佶
确实！他在享福，我们却在受苦！

宋太宗赵光义
你们两个，也去把那个《资治通鉴》抄一遍！

宋太祖赵匡胤
等那个谁进来了，再一起揍！

秦始皇嬴政
[好奇围观看戏]

华夏皇帝群（273）

系统提示：海陵炀王完颜亮进入群聊

金熙宗完颜亶
完颜亮！

宋钦宗赵桓
啊啊啊！完颜亮来了，快跑啊！

秦始皇嬴政
这是群聊，你能跑去哪里？再说你都死了，还怕什么呢？

宋钦宗赵桓
对哦……不好意思，本能反应，哈哈哈！

海陵炀王完颜亮

我果然连个皇帝名号都没有。

金熙宗完颜亶

你也配?

海陵炀王完颜亮

你在叫什么?你也不瞅瞅自己,当皇帝当成了啥样,自己杀了多少人,心里没点数吗?

群聊机器人

你别说他了,你杀的人比他少吗?

金太宗完颜晟

你们这是在比赛呢?

群聊机器人

你不出来,我还给忘了!完颜晟,你的后代全部被完颜亮杀了,然后家属们也全被他杀了。

秦始皇嬴政

抓重点!"全部"!这也太惨了吧?

金太宗完颜晟

什么?

海陵炀王完颜亮

谁让你的儿子们势力那么大呢?我这么做,也是为了巩固皇权。

金太宗完颜晟

[表情]

海陵炀王完颜亮

我连太后都敢杀，还在乎这些宗室？

秦始皇嬴政

太后？

群聊机器人

那个太后是他爹完颜宗干的正室，完颜亮的生母是妾室，所以这两个都被尊为皇太后。

秦始皇嬴政

我还在想，怎么会有人杀自己的母亲呢？

夏景宗李元昊

有呀……我呀……我给了我母亲一杯毒酒。

秦始皇嬴政

[表情]

海陵炀王完颜亮

我本来没想对她动手的，结果我攻打南宋，她居然敢有意见，那就不能怪我了。毕竟我可是希望统一华夏，安国富民，所以迁都燕京，并大力推广汉化。

群聊机器人

虽然你荒淫好色，杀人无数，但也是胸怀大志。

海陵炀王完颜亮

那可不。吾有三志：国家大事，皆自我出，一也；率师伐远，执其君长问罪于前，二也；得天下绝色而妻之，三也！

秦始皇嬴政

真是个狠人啊！赵匡胤，你大宋危矣！

汉高祖刘邦

不可能的，你要这么想，大宋如果有危险，怎么会是这个人先进来？不应该是大宋的人先进吗？

秦始皇嬴政

好像也有点道理啊……但是如果万一是皇帝又抓回去养起来了呢？

汉高祖刘邦

这……好像也不是没有这个可能啊。

宋太祖赵匡胤

你们能不能说点好的？

海陵炀王完颜亮

别猜了！我就下了个命令"三日渡江不得，将随军大臣尽行处斩"，然后就发生兵变了……

群聊机器人

> 主要是金军和宋军在采石（今安徽马鞍山市西南）展开战斗，金军被打败了，身边许多将士原本就有怨气，你又发了这么一个命令，懂了吧？

海陵炀王完颜亮
> 还不是因为完颜雍在辽阳拥兵称帝了！我本来想回去打他的，结果有人说应该先灭了宋朝，所以我才这么急。

金熙宗完颜亶
> 哈哈哈，活该！

金太宗完颜晟
> 报应！

宋太祖赵匡胤
> 那个赵构怎么还不进来啊？

宋太祖赵匡胤
> [哭]

宋太宗赵光义
> 哥！你这棍法我已经练会了，到时候你出拳我出棍……

秦始皇嬴政
> 需不需要我们帮忙？

宋太祖赵匡胤

没必要！我们两个人就够了，毕竟这是我们自己家的事。

秦始皇嬴政

（好奇围观看戏）

宋太宗赵光义

哥哥，又过了二十几年……这个赵构怎么还没进来？

宋太祖赵匡胤

我也想问，他怎么能这么苟啊！

宋徽宗赵佶

我这个儿子，怎么能活这么久啊！

宋钦宗赵桓

想想当初我受苦了多少年，再看这个弟弟享受了多少年了！

群聊机器人

来了来了！在公元1187年11月9日，他终于病逝了。

华夏皇帝群

群聊机器人
第九章

群聊机器人
南宋、金与西夏

宋高宗赵构

华夏皇帝群（274）

公元 1187 年
系统提示：宋高宗赵构进入群聊

宋徽宗赵佶
好家伙！我算算啊……他居然活到了八十一岁。

则天大圣皇帝武则天
这算什么？我都活到了八十二岁。

梁武帝萧衍
就是就是！我还活到了八十六岁呢。

秦始皇嬴政
[好羡慕]

秦始皇嬴政
真好！我不羡慕，一点都不羡慕！

宋高宗赵构
大……大家好！

宋太祖赵匡胤
弟弟你先上，还是我先上？

宋太宗赵光义
我来我来！

宋太宗赵光义

朕给你打歪

宋太祖赵匡胤

朕给你打歪

宋高宗赵构

祖宗们，这是咋回事呢？一进来就动手。

宋高宗赵构

呜呜呜

宋徽宗赵佶

我跟你哥都还没动手呢！

宋高宗赵构

爹！不都把你的遗体接回来了吗？

宋钦宗赵桓

那我呢？

宋高宗赵构

这……能力有限。

宋徽宗赵佶

狗儿子！你说说，你都做了些什么？

秦始皇嬴政

怎么感觉这句话怪怪的。他是狗儿子……你是他爹……那你就是……

汉高祖刘邦

好逻辑！好理解！

宋徽宗赵佶

[尴尬地笑笑]

宋高宗赵构

我都干了些啥，我想想……抗金！议和！推行经界法！广发纸币！对了对了！还有写书法。

宋太祖赵匡胤

好家伙！你们一个个的不好好当皇帝，在那边练书法？

群聊机器人

> 知识点：赵构精于书法，善真书、行书、草书，笔法洒脱婉丽，自然流畅！著有《翰墨志》，传世墨迹有《洛神赋》（草书）等。他还写过"精忠岳飞"这四个字给岳飞。

宋太祖赵匡胤

[猫表情]

宋高宗赵构

太祖太祖！等等，你听我说啊！有好消息！现在大宋皇帝又回归到你那一脉了。

宋太宗赵光义

什么?

群聊机器人

公元1162年,宋高宗让位于赵昚。

知识点

宋高宗赵构

不好意思啊,祖宗!我就只有一个亲生儿子,却不幸夭折了。我只能传位给了我的养子赵昚,他是太祖的七世孙。

宋太祖赵匡胤

哈哈哈!弟弟!是我的,终究还是会回来的。

宋太宗赵光义

哥哥,我倒是要看看,你的后代跟我的后代有何不同!

海陵炀王完颜亮

那个赵构啊!我就想问问,你的刘贤妃长得到底漂不漂亮?

宋高宗赵构

那还用说?我能看上的妃子,姿色都是有的!你该不会来攻打我,就是为了她吧?

海陵炀王完颜亮

那怎么可能!这只是其中的一个理由,哈哈哈!

宋高宗赵构

居然还想着"提兵百万西湖上,立马吴山第一峰"。

宋高宗赵构

（嫌弃）

海陵炀王完颜亮

宋高宗赵构

有一说一,祖宗们打我,我还可以接受。但是父亲跟哥哥,你俩凑啥热闹呢?

宋徽宗赵佶

父亲揍儿子,还需要理由吗?

宋钦宗赵桓

哥哥"疼爱"一下弟弟,不行吗?

秦始皇嬴政

等等……你俩啥时候这么勇猛了?不是只会画画写字吗?

宋徽宗赵佶

平时我唯唯诺诺,此时我重拳出击!

宋高宗赵构

牛,牛。

宋高宗赵构

当初还不是因为你俩自己的骚操作！不然会被抓走吗？现在居然甩锅说我不去救你们，这我就不服了。要不是我，大宋都没了！

宋太宗赵光义

哥哥，他好像说得也没毛病啊。

宋太祖赵匡胤

那就三个人一起揍？

宋高宗赵构

我觉得可以。

汉武帝刘彻

我来帮你！看到岳飞我就想到了我的霍去病，霍去病去世的时候，我心疼啊。他可倒好！竟然直接把岳飞杀了。

宋高宗赵构

我一个皇帝，杀个武将怎么了？你们难道就没有杀过有功之臣？

汉武帝刘彻

这……

宋高宗赵构

我也有自己的想法，求和不是挺好的？

宋太祖赵匡胤
也就和平了二十年,完颜亮后来不是又南下了?

宋高宗赵构
我怎么知道后面会发生这种事哦,更何况我养子后来也为岳飞平反了。

秦始皇嬴政
把人杀了,再给人平反,就问心无愧了?

宋太祖赵匡胤
所以,你杀岳飞到底是因为什么?

宋高宗赵构
到底是因为什么……过了这么久,我也记不清了。

群聊机器人

> 知识点

赵构为何杀岳飞,有几种说法,其一是怕岳飞迎回二帝,自己的皇帝当不成。

宋徽宗赵佶
我那会儿都已死了。

群聊机器人
但是呢,这里要引用一下邓广铭先生的一句话:"以为岳飞因主张迎还钦宗而遭赵构毒手之说,是完全昧于史实者的一种无稽之谈!"

群聊机器人

其二，岳飞在军中威望太高，怕其兵变。

秦始皇嬴政

如果是这个理由，绝对是被赵匡胤以前的经历惊吓到了。

宋太祖赵匡胤

群聊机器人

其三，杀岳飞是南宋和金国暗中的讲和条件。其四，秦桧诬陷岳飞。其五，岳飞干涉立太子。

宋高宗赵构

是不是就是因为我杀了岳飞，才会被骂得这么惨？

宋太祖赵匡胤

你还对金称臣了！

宋高宗赵构

怎么就没有人能想想，我延续了大宋的国祚呢？

秦始皇嬴政

什么意思，想靠这个洗白是不是？

宋高宗赵构

我儿子当皇帝后也发动北伐了，结果还是输了。

群聊机器人
> 那些人怎么能跟岳飞比呢?

宋高宗赵构
> 主要是现在金国是完颜雍在当皇帝,这人好像还是有点本事的。

秦始皇嬴政
> 看了千年的发展,求和只能维持一时,还不如直接拼一拼,大不了就灭国呗。

汉高祖刘邦
> 就是就是,一直求和迟早被灭啊。

宋太祖赵匡胤
> 求求各位,说点好听的行不行啊?

华夏皇帝群（275）

公元1189年
系统提示：金世宗完颜雍进入群聊

金太祖完颜阿骨打
> 这孩子是谁啊?

金世宗完颜雍
> 我是完颜宗辅之子,爷爷,您这都不记得了吗?

金太祖完颜阿骨打
好像有一点点印象,我去世那会儿你才出生半年。

金世宗完颜雍
好像是这么回事。

海陵炀王完颜亮
完颜雍!

金世宗完颜雍
完颜亮,你还我皇后!

海陵炀王完颜亮
你皇后?谁啊?

金世宗完颜雍
乌林答氏!

海陵炀王完颜亮
她不是自尽的吗?关我何事?

金世宗完颜雍
还不是你贪图她的美色,召她前去,她为了保住贞节,才自尽的!

群聊机器人
完颜雍称帝后,追封乌林答氏为昭德皇后,自此一生再也没有立过皇后。

秦始皇嬴政

这是什么神仙爱情，啊啊啊，羡慕了，羡慕了。

金世宗完颜雍

完颜亮，你也不看看，你把大金都搞成什么样了？我继位后的大金政局内忧外患，内有贵族争权夺利，外有各族百姓的叛乱。

金太祖完颜阿骨打

什么情况？

金世宗完颜雍

就是北部有契丹叛乱，南部有大宋北伐。但是问题不大，都被我解决了。

金太祖完颜阿骨打

这么猛？

群聊机器人

> **知识点**　金世宗继位后，平息了北部契丹起义，击退了南宋隆兴北伐，签署了《隆兴和议》。

宋太祖赵匡胤

现在看到和议就头疼。

金世宗完颜雍

有什么好头疼的，只是金、宋两国以叔侄相称，改"岁贡"为"岁币"，维持绍兴和议规定的疆界。

后周世宗柴荣
赵匡胤？你后代就这？

后晋高祖石敬瑭
又一个侄皇帝，哈哈哈！

宋太祖赵匡胤
有一说一，七世孙这血缘太远了。

宋太宗赵光义
哥哥，你变得有点快啊！

金世宗完颜雍
我对你们大宋还挺好的，岁币为每年银二十万两、绢二十万匹，比"绍兴和议"时每年少银五万两、绢五万匹呢！

宋高宗赵构
我谢谢你啊，那你把六州还回来。

宋太祖赵匡胤
六州？

群聊机器人
大宋割唐（今河南唐河）、邓（今河南邓州东）、海（今江苏连云港）、泗（今江苏盱眙北）四州外，再割商（今陕西商州区）、秦（今甘肃天水）二州与金。

秦始皇嬴政
割地一时爽，一直割一直爽。

群聊机器人
还有，金世宗可是被称为"小尧舜"的皇帝。

秦始皇嬴政
[图片]

宋太祖赵匡胤
[图片]

秦始皇嬴政
这么高的评价？

金世宗完颜雍
毕竟我在内政和经济方面，勤政节俭，选贤治吏，轻赋重农，尊崇儒学。我还十分朴素，不穿丝织龙袍，使大金国库充盈，农民也过上了富裕的日子，天下小康。

知识点

群聊机器人
实现了"大定盛世"的繁荣鼎盛局面。

金世宗完颜雍
但是我反对全盘汉化，我认为吸收过多的汉文化，会使女真族腐化堕落，丧失尚武本性。

海陵炀王完颜亮
你就是在说我推广汉化不行呗?

金世宗完颜雍
没错!学汉人风俗,是忘本也。

群聊机器人
但是轻视漠北蒙古游牧民族的威胁,留下了巨大隐患。

金世宗完颜雍

汉高祖刘邦
当初你说蒙古那几个人是重要人物,难不成就是指这个?

秦始皇嬴政
那几个不是都死了吗?

汉高祖刘邦
说不准人家后代会更生猛呢。

秦始皇嬴政

华夏皇帝群（276）

公元 1193 年

系统提示：夏仁宗李仁孝加入群聊

秦始皇嬴政
你们西夏终于来人了。

夏景宗李元昊
等得好辛苦啊，我终于可以出来说说话了。

秦始皇嬴政
平时你也可以说啊，又没有人不让你说。

夏景宗李元昊
你们的话题我融入不进去啊。

夏崇宗李乾顺
儿子，你是当了多久的皇帝啊？

夏仁宗李仁孝
我算算……差不多五十四年吧？

夏景宗李元昊
你们在位时间都好长啊！

秦始皇嬴政
够了够了！

夏仁宗李仁孝
等等！既然这里是皇帝群……那孔子老先生怎么没进来？

汉武帝刘彻

群聊机器人
公元1146年3月，李仁孝尊孔子为文宣帝，下令州郡建立孔庙，祭祖孔子。孔子进来也是走走过场的嘛。

汉武帝刘彻
那你把他拉进来了，我们还可以跟他讲讲话！

秦始皇嬴政
你们还不了解它的德行吗？它绝对是忘记了！

群聊机器人
下次下次！下次一定拉进来！好歹今天夏仁宗李仁孝进群，我们好好聊聊他。他可是在西夏皇帝中寿命最长的！而且李仁孝时期是夏国疆域最为广阔的时期，文化臻于鼎盛，为党项文化写下了光辉灿烂的一页。

夏仁宗李仁孝
各汗国羡慕夏国之强盛，纷纷朝贡呢！

金世宗完颜雍
还不是因为我割让了一点地盘给你！你就千方百计地讨

好我,还选派工匠织造"百头帐"献给我。

秦始皇嬴政
还是挺懂事的,知道哪个是"爹"。

夏仁宗李仁孝
肯定要与南宋跟金朝结好呀,稳定外部环境。

群聊机器人

知识点 确实,夏仁宗统治期间为西夏的盛世,也是金朝、南宋的稳定发展期。三国之间战争甚少,因此李仁孝能专心料理国家内政。

夏仁宗李仁孝
我重用文化程度较高的党项和汉族大臣主持国政,设立各级学校,推广教育;实行科举,以选拔人才;还建立翰林学士院,编纂历朝实录。

夏崇宗李乾顺
好好好啊!

群聊机器人
李仁孝制定了《天盛改旧新定律令》,是西夏一代最完整的法典,被国外学者称为"中世纪独一无二的法律文献"。

夏仁宗李仁孝
我这法典这么牛吗?

金世宗完颜雍
突然想起来,是我帮你粉碎了任得敬分国的阴谋,不然你都不太好过了哦。

夏仁宗李仁孝
确实!谢谢大佬!

夏景宗李元昊
什么分国?

夏仁宗李仁孝
就是汉人军阀任得敬窃取我国军政大权后,僭越名分,将西平府、夏州地区作为其领地,并胁迫我分国土之半归其统治。

金世宗完颜雍
还让我册封他,承认他的楚国!我看这肯定不是李仁孝的本意,何况夏国向我称藩多年,我岂能坐视不管。

宋高宗赵构
难怪他会来找我们,原来是被你们拒绝了。

汉高祖刘邦
如果项羽看到这个楚国会是什么样子呢,哈哈哈!

夏仁宗李仁孝
在这里再次感谢大佬!

金世宗完颜雍

[表情]

群聊机器人

可能是因为任得敬的专权跋扈，令李仁孝对武官不太信任，政策多数重文轻武，导致军备开始废弛，战斗力减弱。

夏仁宗李仁孝

被伤过的心还可以爱谁……

汉高祖刘邦

这不跟那个宋朝差不多嘛，哈哈哈！完了，你也要谁都打不过了。

夏仁宗李仁孝

[表情]

华夏皇帝群（277）

公元 1194 年
系统提示：宋孝宗赵昚进入群聊

秦始皇嬴政
来了来了！七世孙来了！

宋孝宗赵昚
始……始皇帝。

宋太祖赵匡胤
"侄皇帝"，你来了。

宋孝宗赵昚
太祖，没办法啊！我打不过他们啊！

秦始皇嬴政
有一说一，"侄皇帝"不是比称臣好吗？至少提高了一个档次吧。

金世宗完颜雍
可惜可惜，谁让赵昚遇到的是我呢！

宋孝宗赵昚
要是岳飞还在，看你还敢不敢这么嚣张！

金世宗完颜雍
他要是在的话，那会儿有六十了吧？

宋孝宗赵昚
老当益壮懂不懂？

群聊机器人
后世普遍认为，赵昚是南宋最有作为的皇帝。

宋太祖赵匡胤
这就最有作为了？

秦始皇嬴政
怕是要完了。

金世宗完颜雍
你们也别看不起赵昚啊，虽然他输给了我，但是我听说他皇帝当得还是不错的。

群聊机器人
后人总说"高宗朝有恢复之臣，无恢复之君。孝宗朝有恢复之君，而无恢复之臣"，还碰上了金世宗这样的明君，真的是太惨了。

知识点

宋孝宗赵昚
就是就是！我在位期间，平反岳飞冤案，起用主战派人士，锐意收复中原。虽然我失败了，但是我在内政上，加强集权，积极整顿吏治，裁汰冗官，惩治贪污，重视农业生产，百姓生活安康。

群聊机器人
宋孝宗专心理政，百姓富裕，五谷丰登，太平安乐，

> 史称"乾淳之治"。后世称其为"卓然为南渡诸帝之称首"。

金世宗完颜雍
好家伙！这么富裕，我居然还少收你岁币了。

宋孝宗赵昚
你又不差这点岁币！是吧？

金世宗完颜雍
好像也是，赏你了，赏你了。

> **群聊机器人**
> 这边要讲一个赵昚的小故事。

宋孝宗赵昚
我能有什么故事？

宋高宗赵构
好啊！你居然还有小故事。

秦始皇嬴政
我准备好了。

> **群聊机器人**
> 宋高宗为了确立皇太子，给两位准继承人每人送去了美女十名。

宋太祖赵匡胤
两个继承人？

宋高宗赵构

对！当时有两个养子，分别是赵琢和赵昚。这剧情我熟，我来讲！

群聊机器人

行行行。

宋高宗赵构

我为什么会给他们两个人都送美女过去，大家肯定知道我的意图。

秦始皇嬴政

测试谁比较贪图女色呗。

宋高宗赵构

没错！所以过了一阵子，我就把那几个美女召回，逐一检查，发现赵昚在美女面前更有定力，所以我就立他为太子了。

宋孝宗赵昚

爹！实不相瞒，我是听从了老师史浩的意见。

宋孝宗赵昚

[嗷嗷嗷]

宋高宗赵构

你居然还请外援。

宋孝宗赵昚

但是你看我皇帝当得不差吧!

宋太祖赵匡胤

所以说,这就是我大宋的巅峰了吗?

秦二世胡亥

[我太难了]

秦始皇嬴政

你又怎么了?

秦二世胡亥

我好烦啊!赵佶跟赵桓是来抄书的,还是来写书法的?那字写的,我自己都不好意思写字了!

秦始皇嬴政

这不能成为你不抄书的理由,快回去接着抄!

秦始皇嬴政

[哭]

华夏皇帝群（278）

公元1200年
系统提示：宋光宗赵惇加入群聊

秦始皇嬴政
八世孙了！这死得也太快了，赵昚才刚刚去世六年你就来了！

群聊机器人
公元1189年，宋孝宗就禅位给了宋光宗。

宋光宗赵惇
我当皇帝的时候都四十出头了！

宋孝宗赵昚
呵呵，我没有你这个儿子！

宋高宗赵构
怎么回事啊？

宋孝宗赵昚
父亲您是不知道啊，您驾崩之后我悲伤欲绝，想为您守孝三年，无心于政事，于是我退位将皇帝的位置禅让给了赵惇。结果倒好，他听信谗言疏远了我，我重病在床都不来看我，你说我养他干吗啊？

群聊机器人
还不止呢！你死之后，他还不主持你的丧礼！

秦始皇嬴政

真是"父慈子孝"!

宋太祖赵匡胤

简直就是混账!

宋太宗赵光义

这有悖人伦的事,你也干得出来?

宋太祖赵匡胤

等等,弟弟!咱俩的事还没有水落石出呢,说不准你也干过这种事。

宋太宗赵光义

啊,这?

宋光宗赵惇

父皇!祖宗们!我并不是有意的啊!

宋孝宗赵昚

那你就是成心的!

宋光宗赵惇

爹,还不是因为你要立二哥赵恺的儿子赵抦为太子,让我时时感到恐惧和不安。加上皇后和宦官们不断地离间挑拨,我的心理压力越来越大。

宋孝宗赵昚

我选个好点的人当皇帝,有错吗?

宋光宗赵惇
而且我还有病在身，时好时坏的。

群聊机器人
到了后来，光宗的病情不断加重，皇后李氏负有不可推卸的责任。

宋高宗赵构
她有什么责任？

群聊机器人
宋光宗的皇后李凤娘是两宋乃至中国历史上著名的悍后之一。

汉高祖刘邦
又是一个吕后吗？

宋高宗赵构
当初我就不应该让你娶她，怪我怪我。

宋光宗赵惇
我跟你们说说我的经历吧！有一天，我见给我端水的宫女手生得嫩白，随口就说了一声"好"。第二天皇后就送来了一个点心盒，揭开盖子一看，里面装的竟是那位宫女的两只手啊！

汉高祖刘邦
[猫图片 ?!?!]

316

宋光宗赵惇
还不止这些！我宠爱的黄贵妃也被她害了，我明知道是她做的，但是我连质问皇后的勇气都没有。

群聊机器人
所以宋光宗受到很大的刺激发疯了，精神也不太正常，大权旁落李凤娘之手。

群聊机器人
对了！突然想起来这个黄贵妃当初生病的时候，怎么都治不好，于是宋光宗张榜求医。一位江湖郎中揭榜进宫，为黄贵妃诊脉后说："只要用冰糖与红果（山楂）煎熬，每顿饭前吃五至十枚，不出半月病准见好。"

宋光宗赵惇
有一说一，那个还挺好吃的。

群聊机器人
后来这种做法传到民间，老百姓又把它串起来卖，就成了现在的冰糖葫芦。

宋孝宗赵昚
我不是给你送药去了吗？

宋光宗赵惇
皇后说你送来的是毒药……

秦始皇嬴政
这当的是什么皇帝啊！立什么皇后呢，是不是？

知识点

> 群聊机器人
>
> 随着宋光宗病情的恶化，政局也开始动荡不安，群臣再也无法容忍这个疯子皇帝！于是他们拥立嘉王赵扩登基，史称"绍熙内禅"。

宋太宗赵光义
> 文官还能干出这种事了？

宋太祖赵匡胤
> 啊，这……牛的牛的……

宋光宗赵惇
> 我就这么变成了太上皇。

宋光宗赵惇
> 虽然我做了错事，但是我也有革新啊！我听取臣下的谏言，淘汰了很多不肖者。

> 群聊机器人
>
> 可是你晚年"宫闱妒悍"，惧内严重，荒废朝政，听取奸臣逸言，罢免辛弃疾等主战派大臣。"乾淳之治"的积累消耗殆尽，导致南宋走向了下坡路。

华夏皇帝群（279）

公元 1206 年
系统提示：夏桓宗李纯祐加入群聊

秦始皇嬴政
这次西夏进人倒是挺快呀！

夏仁宗李仁孝
儿子，你怎么这么快就进来了？

夏桓宗李纯祐
父亲，那个李安全谋反，把我废了，之后我就暴毙了！

夏仁宗李仁孝
他为何会谋反？

夏桓宗李纯祐
李安全之父越王李仁友去世，他想继承父亲的爵位，结果被我拒绝了。

群聊机器人
于是他怀恨在心，开始韬光养晦，并与桓宗的母亲罗太后合谋废掉了桓宗。

秦始皇嬴政
你母亲帮别人废掉了你的皇位……太惨了吧。

夏桓宗李纯祐
因为他们俩私通啊！

秦始皇嬴政
这……我能理解！

夏仁宗李仁孝
什么？李安全居然敢做这种事？

秦始皇嬴政
谋反在我们这个群里见惯不怪了，是吧老李？

唐太宗李世民
你在阴阳怪气什么呢？

夏仁宗李仁孝
我不是说这个！我是说他对我的女人下手！

秦始皇嬴政
那这个也很常见啊，是吧老李？

唐高宗李治
你又开始恶心人了！

秦始皇嬴政
有一说一，我喊的是老李！群里那么多老李呢，你自己要跳出来我也没办法。

夏桓宗李纯祐
父亲，我按照您制定的方略对内安国养民，对外依金和宋，还改兴庆府为中兴府，取夏国中兴之意。

群聊机器人

但是国家安定太久,统治阶级开始腐败!国势衰弱,西夏从盛转衰已经成为一种趋势!

汉高祖刘邦

一般群聊机器人在群里说"从盛转衰"后,这个国家基本就已经凉了。

夏仁宗李仁孝

什么?不可能!它之前刚夸我统治时期是盛世呢!

秦始皇嬴政

从盛世到落魄……你看看李隆基,他的盛世不比你的强?结果呢?

唐玄宗李隆基

啊?这!怎么又扯到我了?

夏桓宗李纯祐

说得没错……我驾崩的前一年蒙古就入侵了一次,有一个非常厉害的人叫铁木真!

夏仁宗李仁孝

蒙古?我经常派兵去"减丁",他们怎么还能攻打你们?

群聊机器人

但是你这个做法反而加速了蒙古部落的重新分化组合,为蒙古部落走向统一增加了催化剂。

秦始皇嬴政

我有个朋友想问问"减丁"是啥?

夏仁宗李仁孝

就是消灭一部分精壮男子。

夏桓宗李纯祐

蒙古人说是为了追杀逃往夏国的乃蛮残部,但这一追他们就攻破了我夏国的吉里寨,并掠夺瓜沙二州,带着大量的人口、牲畜以及辎重退回了蒙古高原。

夏仁宗李仁孝

你这是让他们进来随意玩耍的?

夏桓宗李纯祐

我怎么敢抵抗哦!根本打不过啊!爹,你忘了你那会儿重文轻武吗?

夏仁宗李仁孝

这还怪我咯?

金熙宗完颜亶

你们连蒙古都打不过吗?

群聊机器人

还记得当初的俺巴孩吗?他就是铁木真的曾祖父合不勒汗的堂兄弟和继承者。

金熙宗完颜亶

然后呢?

汉高祖刘邦

然后你大金就等着被打吧!我已经摸透群聊机器人的暗示了!

群聊机器人

今年春天,蒙古贵族们在斡难河(今鄂嫩河)的源头召开大会,诸王和群臣为铁木真上尊号"成吉思汗",意为"拥有海洋四方的可汗"。铁木真正式登基成为大蒙古国可汗,这就是蒙古帝国的开始。

知识点

秦始皇嬴政

能让群聊机器人这么介绍的,真的为数不多了。

汉高祖刘邦

这场景让我想到了当初我的曾孙子刘彻进群前的样子。

汉武帝刘彻

这人难不成跟我有得一拼吗?

群聊机器人

现在我就想说一句……西夏、金、南宋!耗子尾汁!

宋太祖赵匡胤

金太祖完颜阿骨打

夏景宗李元昊

辽德宗耶律大石

哈哈哈！西夏、金、南宋都危了，唯独我辽没事！

群聊机器人

不好意思，把西辽给漏掉了……

辽德宗耶律大石

群聊机器人

没事的，不难受！有很多人陪你。

< 　　　**华夏皇帝群（280）**　　　···

公元 1208 年

系统提示：金章宗完颜璟加入群聊

宋太祖赵匡胤

金终于又有人进来了！

金世宗完颜雍
你们就这么渴望我皇孙进来吗?

群聊机器人
完颜璟是女真封建化的最后完成者,他废除奴隶制度,限制女真特权,保护封建农业,允许蕃汉通婚。 ◀ 知识点

金章宗完颜璟
皇爷爷,我和你说,那个大宋的韩侂胄北伐,被我打败了,还签订了和议。

宋太祖赵匡胤
什么东西啊?

群聊机器人
1206年,宰相韩侂胄为了立功保持相位,便轻率地出兵北伐金朝,史称"开禧北伐",结果溃败。随后金兵大量南下,宋军大败。

金章宗完颜璟
我对你们宋朝始终想要维护和平局面的,但是权臣韩侂胄主动挑起战端,发动北伐,那就别怪我无情了。

宋孝宗赵昚
看看,我当初不想选赵扩是正确的!

宋太祖赵匡胤
可最后不还是他当?

知识点

> 群聊机器人：最后宋朝把韩侂胄等主持伐金之人的首级献给金，双方重定和约，史称"嘉定和议"。

宋太祖赵匡胤：所以，又赔了多少钱？

金章宗完颜璟：也就岁币由银二十万两、绢二十万匹改为银三十万两、绢三十万匹，并多给我们犒军钱三百万贯。

> 群聊机器人：还有，宋金为"伯（金）侄（宋）之国"。

宋太宗赵光义：哥哥，你的后代好像也就这样了啊！

宋太祖赵匡胤：你别说话！

金世宗完颜雍：你们都吵吵啥呢？别打扰我皇孙讲述他的丰功伟绩！

> 群聊机器人：金章宗后期沉湎饮酒作诗，朝政腐朽衰败。之后黄河泛滥，蝗灾频频发生！为了弥补财政空缺大肆发行交钞，导致金朝的经济进一步衰退。

秦始皇嬴政

"好功绩"！

金章宗完颜璟

皇爷爷你听我狡辩！啊不，解释！那都是因为黄河经常决堤啊！财政大部分都投入治理黄河了。

群聊机器人

你自己也日渐骄奢，完全不像金世宗那样节俭，重金改造宫殿陈设，你怎么不说？

金章宗完颜璟

但是我在位前期励精图治，重用汉人知识分子，采用汉制，兴文学，同时做到自己学习汉人先进文化，奢侈一下怎么了？

群聊机器人

虽然你前期史称"明昌之治"，大力发展文治，尊崇儒家思想，文化水平走向巅峰，但军事实力日益低下！ ◀ 知识点

金世宗完颜雍

前期有什么用啊！

宋太祖赵匡胤

军事实力日益低下……为什么我大宋还是打不过？

金章宗完颜璟

可能不是我太强，而是你们太弱吧？

汉高祖刘邦

军事实力日益低下,所以才打不过蒙古吗?

金章宗完颜璟

蒙古?我去世前让我叔父卫王完颜永济去召见过铁木真,但是后面他很生气地回来了,说要去讨伐铁木真,不知道他当皇帝后有没有去攻打。

金世宗完颜雍

他当皇帝?

金章宗完颜璟

因为我的孩子很早就夭折了,我去世前我的两名妃子都怀有身孕,我立遗嘱看哪个人生的是男孩,就立为皇帝,先让叔叔当一下了。

汉高祖刘邦

你觉得他会把到手的皇位再还回去吗,年轻人?

金章宗完颜璟

华夏皇帝群（281）

公元 1211 年

系统提示：夏襄宗李安全加入群聊

夏桓宗李纯祐
李安全，你终于进来了！

夏桓宗李纯祐

夏仁宗李仁孝
侄子，我等你很久了！

夏襄宗李安全
打人不打脸，打脸伤自尊！我这不也才当了五年皇帝，就被李遵顼发动政变给废了！然后一个月后，不明不白地死了。

夏桓宗李纯祐
哈哈哈！你也被人废了！活该！

秦始皇嬴政
你们真无趣！天天废这个废那个的！

汉高祖刘邦
政哥，你可别忘了胡亥被赵高逼宫自尽这件事啊！

秦始皇嬴政

（表情）

秦二世胡亥

我那是自尽,又不是被废。

汉高祖刘邦

好的好的。

夏仁宗李仁孝

这不是重点!重点是你居然敢碰我的女人!

夏襄宗李安全

要怪就怪李纯祐,如果当初他让我继承我父亲的爵位不就没事了?居然还把我降封为镇夷郡王!不废他废谁!

秦始皇嬴政

就是就是,答应他不好吗?

夏桓宗李纯祐

哪知道他竟敢谋反啊!

夏襄宗李安全

反正现在夏金关系已经破裂了,我已经向金国开战了。

金章宗完颜璟

这是为何?

夏襄宗李安全

蒙古攻打我的时候，我向你们金国求救，完颜永济可倒好！他说了一句"敌人相攻，中国之福也，吾何患焉"，反正现在蒙古是我大哥了！

群聊机器人

夏襄宗时期，西夏依附蒙古破坏了金朝与西夏的友好关系，发兵侵金！为后来一场场令夏、金耗尽精兵的战役掀起了序幕。

秦始皇嬴政

李安全，你可真不安全啊！

华夏皇帝群（282）

公元1213年

系统提示：卫绍王完颜永济进入群聊

夏襄宗李安全

一看就知道，肯定是被蒙古打怕了！

群聊机器人

完颜永济为人优柔寡断，没有安邦治国之才，俭约守成而已，不善用人，忠奸不分。蒙古攻打中都时，为右副元帅胡沙虎所弑。

卫绍王完颜永济

胡沙虎这个家伙，当初蒙古军南下时临阵怯逃，我都没

> 怪他，反而还重用他，没想到他居然会这么对我！果然是"爱"错了人！

秦始皇嬴政
> 群聊机器人的评价还是很准确的嘛。

夏襄宗李安全
> 干得漂亮！

金章宗完颜璟
> 叔父，你不是要去攻打铁木真吗？怎么变成他打你了？

卫绍王完颜永济
> 他好像是有点猛的，我也想不通为什么打不过他。我金国的人口比蒙古多了四十余倍，军队也在百万以上，比蒙古多出了十倍。

群聊机器人
> 所以当时有人曾说："金国如海，蒙古如一掬细沙。"

卫绍王完颜永济
> 野狐岭之战没打过真的很受伤。

群聊机器人

知识点
> 这场战役确实是决定蒙古与金国双方命运的决定性战役。

卫绍王完颜永济
> 我有近五十万大军都没打过他十万人的军队。

332

> 群聊机器人
>
> 当初铁木真听到是你继位，极其蔑视，声称："我以前以为中原的皇帝是天上派来的使者，然而怎么能有这样的庸懦之辈呢？"

卫绍王完颜永济
猛男就可以这么嚣张了？

秦始皇嬴政
不然呢？

金章宗完颜璟
对了！我那两位妃子生的是男孩还是女孩啊？

卫绍王完颜永济
啊，这……

> 群聊机器人
>
> 完颜永济继位后，为了保住皇位，立即毒害了贾妃，又令范妃堕胎，并将她削发为尼，然后立自己的儿子完颜恪为皇太子。

金章宗完颜璟
[猫咪表情：？]

汉高祖刘邦
年轻人，都跟你说过了，你还非要问。

333

秦始皇嬴政
就是就是。

辽德宗耶律大石
话说过了这么久,我大辽的人呢?

卫绍王完颜永济
你别急!你大辽实际上已经名存实亡了。

辽德宗耶律大石
什么?

华夏皇帝群(283)

系统提示:西辽末代皇帝耶律直鲁古进入群聊

秦始皇嬴政
好家伙!说曹操,曹操到!

魏武帝曹操
[表情]

秦始皇嬴政
没叫你。

魏武帝曹操
也不知道是谁发明的这句话,真气人!

辽仁宗耶律夷列

儿子!你进来之前,那个完颜永济说我们大辽实际上已经名存实亡了,究竟是什么意思?

西辽末代皇帝耶律直鲁古

我前年外出游猎时,被乃蛮王屈出律以伏兵八千所擒,被迫让位。

辽德宗耶律大石

这人是谁?

西辽末代皇帝耶律直鲁古

他打不过铁木真,跑来我们这儿避难了。他娶了我大辽公主,还是驸马呢!没想到他会做出这种事,尊我为太上皇,然后自己称帝。

群聊机器人

他同时宣布,不改动西辽的国号与旧制。

辽德宗耶律大石

这么个名存实亡啊?

辽仁宗耶律夷列

那你姑姑耶律普速完呢?

西辽末代皇帝耶律直鲁古

姑姑死好久了,她是被萧斡里刺杀了。

辽仁宗耶律夷列

什么?

辽德宗耶律大石

萧斡里剌为何会做这种事?那可是他儿媳啊!

群聊机器人

耶律普速完跟她丈夫萧朵鲁不的弟弟萧朴古只沙里有一腿,于是两人罗织罪名将萧朵鲁不杀掉。萧朵鲁不的父亲萧斡里剌是朝中元老,所以萧斡里剌于公元1178年发动宫廷政变,杀掉耶律普速完和萧朴古只沙里,拥立耶律直鲁古继位。

秦始皇嬴政

萧朴古只沙里也是萧斡里剌的儿子啊,他居然也把他杀了?

西辽末代皇帝耶律直鲁古

因为他们父子关系不好呗。

则天大圣皇帝武则天

这个耶律普速完不太行啊,偷偷找面首不好吗?

唐高宗李治

华夏皇帝群（284）

公元 1218 年
系统提示：屈出律进入群聊

西辽末代皇帝耶律直鲁古
爷爷！父亲！篡位的那个人进来了！

屈出律
没想到，我居然还能来到这么个地方？

辽德宗耶律大石
你一个外族人居然敢当我大辽的皇帝？

辽太祖耶律阿保机
别废话了，直接揍！

屈出律
哎哎哎，等等！有一说一，谁当都一样，你们谁也挡不住铁木真的西征。

辽德宗耶律大石
什么意思？

屈出律
还看不懂吗？你们大辽已经寄得了呀！

辽德宗耶律大石

辽太祖耶律阿保机
又没了？

群聊机器人
1218年，成吉思汗命哲别进攻西辽。屈出律逃至巴达赫尚（位于今阿富汗境内）后，被当地教徒抓捕后送给哲别，随后被杀死了。同时，蒙古军顺利进入西辽都城巴拉沙衮（今吉尔吉斯斯坦托克马克东南12公里处），西辽、喀喇汗各地领主相继归附，西辽国灭亡。

知识点

秦始皇嬴政
我记得之前耶律大石还在笑他西辽啥事没有，可是现在第一个被灭的就是他，哈哈哈！

辽德宗耶律大石

< **华夏皇帝群（285）** ···

公元 1224 年
系统提示：金宣宗完颜珣加入群聊

金宣宗完颜珣
啊！我太难了！呜呜呜！

金世宗完颜雍
孙子！

金章宗完颜璟

兄长？为什么会是你？

秦始皇嬴政

日常认亲。

金宣宗完颜珣

胡沙虎杀了完颜永济后，就拥立我为帝了。

卫绍王完颜永济

那你不是很舒服吗？还有，我这个卫绍王称号是什么啊？我好歹也当过皇帝了！

金章宗完颜璟

叔父，你要脸吗？

金宣宗完颜珣

本来胡沙虎还想废你为庶人！然后我们商量了一下，把你降封为东海郡侯。后来术虎高琪把胡沙虎杀了，我就追封你为卫王，谥曰绍！

卫绍王完颜永济

这么说，我还要感谢你咯？

金宣宗完颜珣

算了吧你！要不是当初你跟西夏结怨，西夏也不会不断地在边境对我发起进攻，平均每年都要跟西夏有两场大战啊！

金世宗完颜雍

你刚才说太难了，就是因为这个？

金宣宗完颜珣

不是……是蒙古太强了，打不过啊！我只能遣使向蒙古军求和，随后南迁汴京。

金世宗完颜雍

啊？这个蒙古不是西征去了吗？

金宣宗完颜珣

他先打完我们，才去西征的……

群聊机器人

金宣宗不顾徒单镒等大臣的反对，与术虎高琪迁都汴京，仅派太子镇守中都。金宣宗的这一举动，极大地动摇了人心，导致许多人叛金降蒙。成吉思汗从降蒙的金朝将士那里得知宣宗南逃的消息，看清了金朝的腐败无能，再次兵临中都城下。

金宣宗完颜珣

然后中都就守不得了。

金宣宗完颜珣

还有，这个南宋太可恨了，竟然不交岁币！我听取术虎高琪等文臣武将的建议，以宋人不纳币为借口，对南宋发动进攻。这样的话，北边的损失可以从南边找补，还可以在南方拓广疆土，但是……

宋太祖赵匡胤
什么意思？就只知道欺负我大宋？

秦始皇嬴政
那确实，就你们大宋比较好欺负啊！

群聊机器人
虽然一开始金国开战告捷，但是后面南宋从各处开始了激烈的反攻。

宋太祖赵匡胤
起飞！

群聊机器人
从此以后，宋朝一扫昔日对金兵的"畏战"与"怯战"心理，双方又撕破了脸皮，你攻我杀，你退我攻，宋金"和平"完全成为"过去式"。

秦始皇嬴政
哎哟，赵匡胤，你的大宋雄起了啊！

宋太祖赵匡胤
终于舒服点了。

宋太祖赵匡胤
就觉得我大宋好欺负呗！自己被蒙古追着打了，还敢来打我大宋。结果呢？结果呢？哈哈哈！

汉高祖刘邦
好家伙,现在是三打一啊,哈哈哈!

金宣宗完颜珣
当初就应该早点把术虎高琪给宰了!这样他就不会出这么多馊主意!坏我天下的,是术虎高琪和夆多啊!

金世宗完颜雍
那么,你宰了没?

金宣宗完颜珣
宰了,但是已经太晚了!

秦始皇嬴政
这个夆多又是谁?

金宣宗完颜珣
罢了罢了,不想提他了。

金世宗完颜雍
所以,你现在是被三个国家追着打?大金亡矣!

秦始皇嬴政
我怎么记得之前有人说蒙古厌呢?是谁呢?

卫绍王完颜永济
侄子,你也不行啊!

汉昭烈帝刘备

你们就不能弱弱合作吗？先打击一下最猛的。是不是没看过《三国演义》啊？

吴大帝孙权

你瞧瞧你，你打南宋不就跟当初刘备打我一样，以为我好欺负，结果呢？

汉昭烈帝刘备

阿权啊，你开始膨胀了。

魏武帝曹操

就是就是，你们三个国家一起打蒙古不行吗？

金宣宗完颜珣

我这就去补习一下《三国演义》！

秦始皇嬴政

万一三个国家合力都打不过呢？

汉高祖刘邦

那就直接玩完，本来是要一个个打的，现在直接聚在一起灭掉。

秦始皇嬴政

还省事了，哈哈哈！

金宣宗完颜珣

确实是三个国家合力了，挨揍的人却是我。

金宣宗完颜珣
[呜呜呜]

华夏皇帝群（286）

公元 1224 年
系统提示：宋宁宗赵扩加入群聊

秦始皇嬴政
今年可以啊，又来一个。

金宣宗完颜珣
让你不交岁币！让你反击！现在也进群来了吧，哈哈哈！

宋宁宗赵扩
你这不能怪我，你要怪就去怪真德秀！他提议让我不交岁币的，哈哈哈！

秦始皇嬴政
真德秀？

汉光武帝刘秀
这名字……是我输了！他比我秀。

群聊机器人
没想到古代人取名字都这么有个性。

宋宁宗赵扩

我的父皇在吗?我的父皇在吗?

宋光宗赵惇

干吗干吗?你谁啊?

宋宁宗赵扩

爹,为什么你不接受我的朝见呢?

宋光宗赵惇

我干吗要接受呢?我都被逼着当太上皇了。

宋宁宗赵扩

爹!真不是我要当皇帝啊,我一直在推辞的!他们都把黄袍披到我身上了,我也没办法。

宋光宗赵惇

我不听,我不听!

秦始皇嬴政

这剧情……是在致敬你的祖宗?

宋太祖赵匡胤

唐太宗李世民

习惯就好,我当初也是经常这么被暗示的。

知识点

> 群聊机器人
> 宋宁宗继位后，任用赵汝愚和韩侂胄为相，赵、韩两派斗争激烈。赵汝愚遭韩侂胄诬陷后被罢免，韩党专权朝廷。

宋宁宗赵扩
> 啊，是被诬陷的吗？完了，我罢免的人还挺多……

> 群聊机器人
> 宋宁宗还在韩侂胄集团的策划下，定理学为伪学，罢斥朱熹等理学家，对当时的许多知名人士进行清洗。并禁止朱熹等人担任官职，参加科举，史称"庆元党禁"。

秦始皇嬴政
> 虽然我看不懂，但是我记得韩侂胄是北伐的那个。

宋宁宗赵扩
> 对啊！我采纳韩侂胄的建议，崇岳飞贬秦桧，并追封岳飞为鄂王，还削去秦桧死后所封的申王爵位和"忠献"谥号，改谥"谬丑"，并下诏追究秦桧的误国之罪。

秦始皇嬴政
> 人都死多少年了，搞这么多花里胡哨的有啥用呢？

> 群聊机器人
> 这些措施，有力地打击了主和派，使主战派受到了鼓舞。然后就是我们之前讲到的"开禧北伐"跟"嘉定和议"了。

宋宁宗赵扩：我是真没想到，杨皇后和史弥远会联手把韩侂胄杀了。

群聊机器人：这个史弥远的父亲，就是宋孝宗赵昚的老师史浩。

群聊机器人：还有，这个韩侂胄的父亲韩诚是宋神宗的外孙，是宋哲宗和宋徽宗的外甥，也是宋钦宗和宋高宗的表兄弟。

秦始皇嬴政：这亲戚关系也能扯出来？

群聊机器人：题外话嘛，拓展知识，哈哈哈！

群聊机器人：还有，宋宁宗批奏章时，凡是大臣的奏章就都批一个"可"字。即使两位大臣的奏章针锋相对，他照样还是都批了"可"。好家伙，没想到他这么超前啊！

汉高祖刘邦：有个问题，两个大臣都批了"可"，那到底是听哪个人的呢？

群聊机器人：谁知道呢，哈哈哈！

宋宁宗赵扩
有人会道教修炼术吗？来探讨一下啊！

群聊机器人
你忘了自己是怎么死的了吗？

宋宁宗赵扩
我是怎么死的？不是病逝的吗？

群聊机器人
确实没有明确记载宋宁宗去世是身患何病，但是有资料说你病危时史弥远进献金丹百余粒，你服用后不久即去世了。这个史弥远是重要人物，下次还会有他。

宋宁宗赵扩
难道说是史弥远害了我？

秦始皇嬴政
反正都病危了，吃啥都一样，哈哈哈！

宋徽宗赵佶
我我我也尊信道教！难道你忘了，我是"教主道君皇帝"了吗？

宋太祖赵匡胤
你出来干吗？书抄完了？

宋徽宗赵佶
啊，这……各位再见！

华夏皇帝群（287）

公元1226年
系统提示：夏神宗李遵顼加入群聊

秦始皇嬴政
这几年，皇帝进来得这么频繁啊？

夏襄宗李安全
李遵顼！

夏神宗李遵顼
哟！这不是那位被我废掉的皇帝吗？

夏桓宗李纯祐
李遵顼这名字有点眼熟……是不是当初那个状元啊？

群聊机器人
对！李遵顼是中国历史上唯一的状元皇帝！

> 知识点

汉高祖刘邦
状元皇帝？

群聊机器人
公元1203年，李遵顼是廷试状元！

秦始皇嬴政
看来是文武双全啊！

金宣宗完颜珣

就他？算了吧！

群聊机器人

虽然李遵顼是状元皇帝，但是他登基之后做的事让人很难联系到他曾经是一位状元。他全盘承袭了夏襄宗自取灭亡的政策，依附蒙古帝国，继续破坏金国与西夏的关系，发兵侵金。

夏襄宗李安全

还不是学我？

金宣宗完颜珣

有什么用？不断有忠良之士直言进谏，让他与我金国议和，但都被他痛骂，包括其长子李德任。李德任以放弃太子位、出家为僧为筹码，进行力谏，却被他囚禁在幽州。

夏神宗李遵顼

议和？这辈子是不可能议和了！

金宣宗完颜珣

所以，现在自讨苦吃了呗！

群聊机器人

知识点 ▶ 公元1223年，李遵顼在蒙古的威逼下，又在朝内的反对声中不得不宣告退位，传帝位给次子李德旺，自称太上皇。他同时也是西夏历史上唯一的太上皇！

350

夏桓宗李纯祐

蒙古的威逼？

夏神宗李遵顼

蒙古一直频繁地向我们征兵，搞得我们民不聊生，后面要西征的时候又找我征兵，我就给拒绝了……结果，他们就突然发兵攻打我们了。

金宣宗完颜珣

哈哈哈！这个我听说了，很舒服。

华夏皇帝群（288）

系统提示：夏献宗李德旺加入群聊

秦始皇嬴政

呀，这不就是他儿子吗？

夏神宗李遵顼

啊？儿子，你怎么这么快就进来了？

夏献宗李德旺

还不是怪你！好端端的去进攻金国干什么？搞得我们两败俱伤。我跟金国签订了停战协定，随后两国结为兄弟之国，共同抵抗蒙古大军，但是金国也是泥菩萨过江，自身难保！

金宣宗完颜珣

看看！这才是明白人！

夏献宗李德旺

我改变依附蒙古的国策为抗蒙，但我国精兵早于夏金战役中消耗殆尽，无力抵抗蒙古军。成吉思汗从西域返回蒙古后，遣使责怪我们不派随从西征及出言不逊。

群聊机器人

> 但是西夏朝廷的抗蒙派得势，驳回了蒙使的恐吓，宣布准备迎战。

夏献宗李德旺

没啥用……打不过……都攻进来了……我最后忧惧而死。

夏献宗李德旺

都怪李安全和我父亲的亡国政策！在他们两个的"优良"统治下，我大夏国从病入膏肓走到穷途末路了，我也无力回天。

秦始皇嬴政

看来西夏快没了！下一个会是谁呢？

汉高祖刘邦

肯定是那个金国啊，毕竟南宋在南边。要攻打南宋，首先也要先打金国吧，哈哈哈……

金太祖完颜阿骨打
你闭嘴！

华夏皇帝群（288）

公元 1227 年

> 群聊机器人
> 孛儿只斤·铁木真，尊号"成吉思汗"……他去世了。

知识点

夏献宗李德旺
我大夏国有救了！

金太祖完颜阿骨打
给力！

成吉思汗铁木真

> 群聊机器人
> 嘿！老铁，我这有个皇帝群，你要不要进来？

成吉思汗铁木真
什么皇帝群？

> 群聊机器人
> 就中原皇帝的皇帝群。

成吉思汗铁木真

群不是直接拉就好了吗?现在都这么客气的吗?还要先问一下。隔壁俄罗斯的群都是直接拉的。

群聊机器人

主要是在纠结、在思考,要什么时候拉你。

成吉思汗铁木真

什么意思?

成吉思汗铁木真

我可是大蒙古国的皇帝!可我没有中原皇帝的称号,拉我做什么?

群聊机器人

现在没有,不代表以后没有啊!

成吉思汗铁木真

成吉思汗铁木真

还有中原的皇帝太拉胯了,再让我多活几年,一个个都得被我灭掉!

群聊机器人

那确实是。

成吉思汗铁木真
西夏国主这会儿估计应该已经投降并且被杀了,那接下去就是"联宋灭金"了。

群聊机器人
所以,你倒是说你进不进啊?

成吉思汗铁木真
等什么时候我的后代们把金国跟南宋灭掉再说吧,不然我进去都没有吹嘘的资本。

群聊机器人
你的资本还不够多吗?

成吉思汗铁木真
就西征而已,还不够,还不够。

群聊机器人
牛!

华夏皇帝群(289)

公元 1227 年
系统提示:夏末帝李睍进入群聊

秦始皇嬴政
好久没看到末帝进群了,真怀念这个字。

汉高祖刘邦

不对啊！那个谁来着……成吉思汗！他不是死了吗？怎么还没拉进来？

群聊机器人

他说他没有中原皇帝的称号，想等着后代把金跟宋灭掉后再进来。

宋太祖赵匡胤

这么嚣张？

金太祖完颜阿骨打

就是就是！

夏景宗李元昊

我大夏国？被灭了吗？

夏末帝李睍

祖宗们！我没办法啊！蒙古军围攻都城中兴府，我坚守了半年！城中粮食都用尽了，军民大批得病，又遭强烈地震，城中宫室都被震塌了。我只能向成吉思汗奉上祖传金佛和金银财宝请降，要求宽限一个月再献城。

秦始皇嬴政

为什么要等一个月呢？

夏景宗李元昊

我也想知道。

夏末帝李睍

多活一个月难道不好吗?我出城投降后,就被杀了!

群聊机器人

蒙军攻陷中兴府后展开了屠杀,宫室、陵园付之一炬,后经察罕劝谏而止,但城中人口已经不多了。

夏末帝李睍

什么?

夏景宗李元昊

这个蒙古是从哪里冒出来的啊?

群聊机器人

之前就说了,蒙古高原上分布着几个强大的游牧部落,金国的操作加速了他们的统一。

金世宗完颜雍

我当初就应该把蒙古灭掉!当初"减丁"的时候,怎么没有把这个铁木真给杀了,真气人啊!

汉高祖刘邦

你现在确实应该生气了,说不准下一个被灭的就是你们金国了。

秦始皇嬴政

我也觉得……蒙古这个势头太猛了。去西征,掉头回来还能揍你们。

金太祖完颜阿骨打
我是真的慌了

宋太祖赵匡胤
我是真的慌了